Machines Pensantes

AURORA AMORIS

MACHINES PENSANTES

L'IA et l'Avenir de l'Humanité

2025

Machines Pensantes

Aurora Amoris

CONTENU

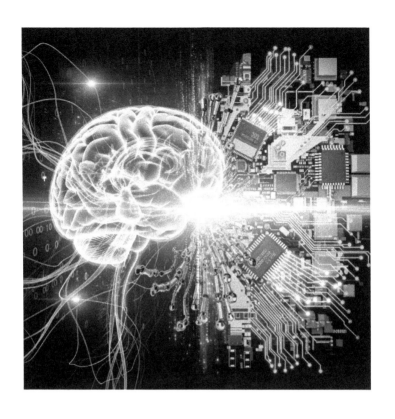

CHAPITRE 1

Qu'est-ce que l'intelligence artificielle ?

1.1. Définitions et concepts de base

L'intelligence artificielle (IA) désigne la capacité d'un ordinateur ou d'un appareil à simuler l'intelligence humaine ou à exécuter des fonctions cognitives similaires. L'objectif de l'IA est de permettre aux machines d'effectuer des tâches telles que la maîtrise, l'interrogation, la résolution de problèmes, la compréhension du langage, la reconnaissance visuelle et même le questionnement innovant. Aujourd'hui, l'IA développe des technologies capables de surpasser l'intelligence humaine dans divers domaines.

Le terme « intelligence artificielle » a été utilisé pour la première fois par John McCarthy en 1956 et, depuis, son évolution a été rapide. Les principes fondamentaux de l'IA reposent sur la modélisation des systèmes de pensée humains et la capacité d'apprentissage des machines. Au fil du temps, cette technologie a progressé grâce à des algorithmes plus complexes et à des méthodes d'apprentissage approfondies.

L'intelligence artificielle est généralement divisée en trois catégories principales: l'intelligence artificielle étroite (ANI), l'intelligence artificielle générale (AGI) et la superintelligence artificielle (ASI). Chaque classe définit le degré de complexité et les capacités de l'intelligence artificielle.

L'intelligence artificielle restreinte (ANI) est une forme d'IA qui excelle dans des tâches spécifiques, mais reste limitée à ces tâches. La plupart des technologies actuelles reposent entièrement sur l'ANI, et ces systèmes ne résolvent généralement qu'un seul problème, comme jouer à un jeu ou traduire des langues.

L'intelligence artificielle générale (IAG) est une IA capable d'assumer une grande variété de responsabilités, à l'instar de l'intelligence humaine. L'IAG peut apprendre, s'adapter et réagir avec souplesse à de nombreuses situations. Une machine IAG pourrait prendre des décisions et résoudre des problèmes, à l'instar des humains, dans un éventail plus large de sports.

La superintelligence artificielle (SIA) désigne un niveau d'intelligence dépassant de loin les capacités humaines. Désormais, la SIA accomplit non seulement des tâches au niveau humain, mais résout également des problèmes plus complexes, dépassant l'intelligence humaine. Le développement de la SIA est considéré comme l'objectif ultime de la recherche en IA, même si cette intelligence n'existe encore qu'à l'état de concept.

Le développement de l'intelligence artificielle a été alimenté par la capacité croissante des machines à analyser et à s'adapter. Ce système s'appuie sur des méthodes telles que l'apprentissage automatique (AA) et l'apprentissage profond (AP). L'apprentissage automatique permet aux ordinateurs d'identifier des tendances statistiques et d'établir des prédictions basées sur ces tendances. L'apprentissage automatique comprend des méthodes d'apprentissage supervisé, non supervisé et par renforcement.

L'apprentissage profond est un sous-domaine de l'apprentissage automatique qui utilise des réseaux de neurones synthétiques multicouches pour analyser des statistiques plus complexes. L'apprentissage profond a permis des avancées majeures dans des domaines tels que la reconnaissance photographique, le traitement du langage naturel et les commandes vocales.

L'intelligence artificielle n'est pas seulement un domaine clé de progrès en ingénierie et en technologie, elle suscite également d'importants débats éthiques et philosophiques. À mesure que l'IA se développe, des questions telles que les stratégies de sélection des appareils, les droits de l'homme, la vie privée, la sécurité et les préjugés deviennent des préoccupations majeures. Le développement et l'utilisation de systèmes d'IA nécessitent une connaissance de ces enjeux éthiques et sociaux.

Une autre idée essentielle est la différence entre l'intelligence humaine et l'intelligence artificielle. L'intelligence humaine se construit à partir des émotions, de l'attention et de l'intuition, tandis que l'IA repose entièrement sur des algorithmes et des modèles mathématiques. Les humains prennent des décisions en fonction d'états émotionnels complexes et de contextes sociaux, tandis que l'IA adopte une approche plus calculée et logique.

Malgré son développement, l'IA n'est pas encore capable de reproduire intégralement l'intelligence humaine. La pensée humaine comprend des composantes profondes telles que la réflexion consciente, l'empathie et le raisonnement synthétique, qui ne sont pas encore parfaitement reproduites par les structures d'IA. Cependant, les systèmes d'IA progressent rapidement et sont capables de surpasser l'intelligence humaine dans certains domaines.

L'intelligence artificielle est un domaine multidisciplinaire de la technologie et de l'ingénierie informatiques, en constante évolution et susceptible d'influencer profondément l'existence humaine. Les progrès technologiques et les conséquences sociétales font de l'IA l'un des sujets les plus cruciaux de l'avenir.

1.2. Types d'intelligence artificielle

L'intelligence artificielle (IA) peut être classée en plusieurs catégories selon ses capacités, ses fonctionnalités et la portée de ses applications. Ces classifications servent de cadre pour appréhender les différents niveaux d'intelligence des structures d'IA et leur capacité à effectuer des tâches allant de la simple automatisation à la prise de décision complexe. Globalement, l'IA se divise en trois catégories: l'intelligence artificielle restreinte (ANI), l'intelligence artificielle générale (IAG) et la superintelligence artificielle (ASI). Chaque catégorie représente un niveau d'amélioration de l'IA, avec des capacités et des limites distinctes.

L'intelligence artificielle étroite, également appelée IA faible, désigne les systèmes d'IA conçus pour effectuer des tâches précises avec une grande efficacité, mais avec des limites dépassant ce cadre restreint. L'IA est la forme d'IA la plus courante aujourd'hui et se retrouve dans de nombreux logiciels tels que les assistants vocaux, les logiciels de reconnaissance d'images, les systèmes de communication et les véhicules autonomes. Ces systèmes d'IA sont programmés pour exceller dans une seule fonction, qu'il s'agisse de jouer aux échecs, de diagnostiquer des problèmes médicaux ou de traiter le langage naturel.

Les structures ANI fonctionnent selon des paramètres prédéfinis, s'appuyant sur des algorithmes et des quantités importantes de données pour accomplir leurs tâches. Elles ne sont pas capables d'évoluer vers de nouvelles tâches au-delà de leur conception, ce qui les rend hautement spécialisées, mais leur portée est essentiellement limitée. Par exemple, une IA formée à la reconnaissance des visages peut le faire avec une précision incroyable, mais sera incapable d'effectuer des tâches sans rapport avec la réputation, comme la traduction ou la conduite d'un véhicule.

La principale caractéristique de l'ANI est sa perte d'attention, de conscience de soi ou de connaissances au-delà de ses compétences programmées. Bien que l'ANI puisse simuler l'intelligence dans des domaines spécifiques, il ne possède pas de capacités de raisonnement standard ni la capacité d'appréhender le monde de manière holistique. Malgré cela, les systèmes ANI se sont révélés assez performants et continuent de se développer dans de nombreux secteurs, automatisant les stratégies et améliorant la productivité.

L'intelligence artificielle générale, communément appelée IA forte, représente un niveau supérieur d'intelligence artificielle visant à imiter les compétences cognitives humaines. Contrairement à l'ANI, qui se limite à des tâches précises, l'AGI possède la capacité d'appréhender, d'analyser et d'appliquer des connaissances à une grande variété de domaines. Les systèmes d'AGI sont conçus pour générer, résoudre des problèmes et s'adapter à de nouvelles situations, à l' instar des humains.

Une machine IAG est capable d'exécuter n'importe quelle tâche intellectuelle humaine. Elle pourrait apprendre de nouvelles compétences sans être explicitement programmée pour chacune d'elles, comprendre des schémas dans des contextes inhabituels et transférer des connaissances d'un domaine à un autre. Par exemple, une IAG pourrait non seulement comprendre les visages ou appréhender le langage, mais aussi comprendre des principes abstraits, réfléchir sérieusement et prendre des décisions fondées sur un raisonnement complexe.

La principale caractéristique distinctive de l'IAG est sa polyvalence. Alors que l'ANI se limite à des tâches spécifiques, l'IAG peut évoluer dans plusieurs domaines et démontrer des capacités générales de résolution de problèmes. Bien que les systèmes d'IAG demeurent théoriques et n'aient pas encore été découverts, ils représentent une nouvelle frontière dans la recherche en IA. Le développement de l'IAG pourrait marquer une étape décisive, car il créerait des machines dotées de compétences cognitives similaires à celles des êtres humains, transformant potentiellement les industries, la société et même notre perception de la connaissance.

La superintelligence artificielle (SIA) désigne une forme hypothétique d'IA qui surpasse l'intelligence humaine dans tous les domaines, notamment la créativité, la résolution de problèmes, la prise de décision et l'intelligence émotionnelle. L'SIA pourrait non seulement surpasser l'humain dans certaines tâches, mais pourrait également être capable de penser de manière abstraite, de posséder des capacités de raisonnement supérieures et de prendre des décisions que les humains ne peuvent pas percevoir.

L'idée de l'ASI repose sur l'idée qu'une fois l'IA au niveau de l'AGI, elle peut potentiellement améliorer ses propres capacités à un rythme accéléré, dépassant à terme l'intelligence humaine. L'ASI pourrait révolutionner tous les domaines, de la médecine et de l'exploration spatiale à l'économie et à l'art. La rapidité avec laquelle l'ASI pourrait résoudre des problèmes mondiaux complexes, tels que le changement climatique, les pandémies et les inégalités économiques, constitue l'une des perspectives les plus prometteuses de son développement.

Cependant, l'IAS soulève également des inquiétudes et des dilemmes éthiques considérables. La puissance et l'autonomie d'un dispositif d'IAS dépasseraient probablement de loin celles des décideurs humains, ce qui entraînerait des risques d'utilisation abusive, des problèmes de manipulation et des conséquences inattendues. L'IAS étant susceptible de surpasser les individus en matière de réflexion et de performance, son impact sur la société dépendrait de son adéquation aux valeurs humaines, aux considérations éthiques et aux cadres réglementaires. Le développement de l'IAS fait l'objet de débats permanents, certains experts soulignant l'importance de la prudence et d'une surveillance attentive afin de garantir que son émergence soit bénéfique et ne présente pas de risques existentiels.

Outre les principales classes d'IA (ANI, AGI et ASI), les structures d'IA peuvent également être classées selon leurs fonctionnalités. Ces classifications prennent en compte la capacité de l'IA à interagir avec son environnement, à prendre des décisions et à apprendre d'expériences externes. Les deux principales sous-catégories sont les machines réactives et l'IA à mémoire confinée.

Les machines réactives sont des systèmes d'IA capables de répondre à des stimuli ou des entrées précis de manière prédéfinie, mais qui ne conservent pas la mémoire des interactions passées. Ces machines ne s'appuient pas sur des études antérieures et ne sont pas en mesure d'améliorer leurs performances au fil des ans. Elles sont généralement utilisées dans des situations où des mouvements réguliers et répétables sont requis, notamment dans les structures d'automatisation de base ou dans certains aspects de la robotique.

Les systèmes d'IA à mémoire limitée, quant à eux, sont conçus pour conserver et exploiter les données passées afin de déterminer les décisions futures. Ces systèmes d'IA sont capables d'apprendre à partir d'enregistrements et d'ajuster leur comportement en conséquence. Par exemple, les algorithmes d'apprentissage système qui s'améliorent au fil des ans grâce à la lecture des enregistrements précédents sont considérés comme des systèmes d'IA à mémoire limitée.

L'intelligence artificielle peut être classée en différentes catégories selon ses fonctionnalités, de la simple intelligence fine, spécialisée dans des tâches précises, à l'intelligence plus large et plus adaptable, qui cherche à imiter la cognition humaine. La superintelligence, même théorique, offre une vision de machines surpassant les capacités humaines, suscitant des débats sur ses risques et ses avantages. Le développement continu de l'IA sous toutes ses formes continue de transformer les industries, les sociétés et notre compréhension de l'intelligence elle-même. À mesure que l'IA continue de s'adapter, ses formes apparaîtront probablement encore plus nuancées, reflétant la complexité croissante des systèmes en évolution.

1.3. Différences entre l'intelligence humaine et l'intelligence artificielle

La comparaison entre l'intelligence humaine et l'intelligence artificielle (IA) est un sujet essentiel du développement des technologies de l'IA et de l'étude des sciences cognitives. Si l'intelligence humaine et l'intelligence artificielle sont toutes deux capables d'accomplir des tâches d'apprentissage, de raisonnement, de résolution de problèmes et de prise de décision, il existe des différences importantes dans la manière dont chaque type d'intelligence fonctionne, aborde les données et s'adapte à l'environnement. Ces différences découlent de la nature de la cognition humaine, de la reconnaissance, des émotions et de l'état actuel des technologies de l'IA.

L'une des différences les plus profondes entre l'intelligence humaine et l'IA réside dans la nature même de la perception. L'intelligence humaine ne se limite pas au traitement de statistiques; elle est intimement liée aux émotions, aux études subjectives et à la conscience. Les humains pensent non seulement de manière logique, mais aussi intuitive, utilisant leurs émotions et un riche éventail de données sensorielles pour guider leurs décisions. La conscience, ou la capacité d'être conscient de soi et de réfléchir à ses propres pensées et actions, est un élément clé de l'intelligence humaine. Les humains peuvent réfléchir à des concepts abstraits, notamment au sens de la vie, et prendre des décisions motivées par des facteurs sociaux, éthiques et émotionnels complexes.

En revanche, l'intelligence artificielle, du moins dans sa forme moderne, est dépourvue de conscience. Les systèmes d'IA traitent des statistiques à partir d'algorithmes et de modèles statistiques prédéfinis, mais sont dépourvus de conscience de soi et d'émotions. Ils ne sont pas conscients de leur mode de vie et ne peuvent pas faire d'introspection. Si l'IA peut simuler des comportements apparemment intelligents, comme repérer des objets, utiliser le langage informatique ou jouer à des jeux vidéo, elle le fait sans aucune expérience subjective sous-jacente. L'IA fonctionne uniquement sur un plan fonctionnel, exécutant des instructions basées sur des données, sans aucun contexte émotionnel ou éthique.

L'intelligence humaine se caractérise par sa capacité à analyser l'expérience de manière souple et contextuelle. Les humains peuvent apprendre par l'observation, les essais et les erreurs, les interactions sociales et l'intuition, et s'adapter rapidement aux nouvelles situations, en s'appuyant souvent sur leur bon sens et leur raisonnement. L'apprentissage humain est également profondément motivé par l'utilisation des contextes sociaux et culturels, qui façonnent la manière dont les individus interprètent et réagissent au monde qui les entoure.

En évaluation, l'IA, surtout dans sa forme actuelle, apprend de manière plus dépendante, généralement grâce à des techniques comme l'apprentissage automatique et l'apprentissage profond. Ces processus impliquent d'alimenter des algorithmes avec de grandes quantités de données, qui identifient ensuite des tendances et formulent des prédictions. Si les systèmes d'IA peuvent évoluer et s'améliorer au fil des ans, leur apprentissage est généralement limité à des tâches spécifiques pour lesquelles ils sont compétents. L'IA peut avoir du mal à transférer des informations dans des domaines variés: ce qui est appris dans un contexte ne s'applique pas facilement à un autre, sauf programmation ou recyclage explicite. Par exemple, une IA entraînée aux échecs ne pourra pas appliquer ses connaissances à des tâches telles que le traitement du langage naturel ou les véhicules autonomes sans entraînement supplémentaire.

De plus, l'apprentissage par l'IA manque souvent de profondeur par rapport à l'apprentissage humain. Si les systèmes d'IA peuvent surpasser les humains dans les tâches impliquant de grandes quantités de données, comme l'identification de modèles en imagerie scientifique ou la pratique de jeux vidéo, ils ne possèdent pas le même niveau de créativité, d'intuition ou de capacité à résoudre des problèmes que les humains dans des situations plus complexes et concrètes. L'IA excelle généralement dans des domaines étroits et spécialisés, mais peine à gérer les tâches qui nécessitent une connaissance contextuelle ou un jugement approfondis.

L'intelligence humaine se distingue par sa capacité à résoudre des problèmes complexes et par sa créativité. Les humains peuvent aborder les problèmes sous différents angles, penser de manière abstraite et proposer des solutions innovantes, même dans des situations inattendues. Ils peuvent résoudre des problèmes en alliant jugement, intuition et émotion, et prendre des décisions inspirées par des études personnelles, des valeurs et des préoccupations morales. La créativité humaine permet l'émergence de nouvelles idées, l'expression créative et la découverte de technologies inédites.

L'IA, en revanche, se limite généralement à résoudre des problèmes dans le cadre de paramètres bien définis. Si l'IA peut être entraînée à effectuer des tâches précises de résolution de problèmes, elle le fait en s'appuyant sur des statistiques et des algorithmes plutôt que sur la créativité ou l'instinct. Par exemple, l'IA peut générer de nouvelles œuvres ou de nouvelles chansons à partir de modèles d'œuvres existantes, mais elle ne « crée » pas comme le font les humains, car elle manque d'expérience subjective de la notion ou de la cause. Le contenu généré par l'IA est en grande partie une recombinaison ou une variation de modèles rencontrés précédemment, plutôt que le résultat d'un questionnement moderne ou de processus de notion authentiques.

Dans des domaines comme les études cliniques, l'IA peut contribuer à la découverte de nouvelles solutions, notamment en identifiant des tendances dans des données biologiques ou en simulant des réactions chimiques. Cependant, la manière de générer des hypothèses ou d'élaborer des théories entièrement nouvelles reste une caractéristique humaine unique. Les capacités de résolution de problèmes de l'IA reposent principalement sur les données auxquelles elle a accès et sur les algorithmes qu'elle utilise, alors que la résolution de problèmes humains implique un large éventail de préoccupations émotionnelles, sociales et éthiques que l'IA ne peut pas prendre en compte.

Une autre différence significative entre l'intelligence humaine et l'IA réside dans l'intelligence émotionnelle et sociale. Les humains sont profondément influencés par leurs émotions, et ces émotions jouent un rôle essentiel dans la prise de décision, les relations et les interactions sociales. Ils sont capables d'empathie, de comprendre les états émotionnels d'autrui et d'adapter leur comportement en conséquence. L'intelligence sociale leur permet de naviguer dans des dynamiques sociales complexes, de résoudre des conflits et de construire des relations fondées sur l'entente et la coopération.

Bien que les systèmes d'IA puissent simuler des aspects de l'expression émotionnelle humaine, notamment la réaction au ton de la voix ou aux expressions faciales, ils ne perçoivent ni ne ressentent véritablement les sentiments. L'IA peut être capable de comprendre les émotions dans les textes ou les paroles et d'y répondre en conséquence, mais il s'agit d'une réponse programmée et non d'une véritable réaction émotionnelle. L'IA ne ressent ni joie, ni déception, ni peur, ni compassion, et sa compréhension des dynamiques sociales se limite aux schémas qu'elle a été entraînée à appréhender.

Cette perte d'intelligence émotionnelle et sociale empêche les systèmes d'IA d'interagir dans des relations humaines authentiques ni de prendre des décisions qui tiennent compte des émotions humaines de la même manière que les êtres humains. Si l'IA peut être utile pour fournir une analyse objective ou pour agir de manière logique, elle manque de l'expertise nuancée du comportement humain issue de l'expérience vécue et de l'intelligence émotionnelle.

Les humains sont capables de faire des choix éthiques et moraux, principalement fondés sur des normes, des valeurs et des normes sociétales. La moralité humaine est souvent façonnée par la sous-culture, la foi, l'éducation et les rapports personnels. Ces cadres moraux guident les choix humains, notamment dans des situations complexes où de multiples préoccupations, telles que l'équité, la justice et la compassion, doivent être prises en compte. Les humains peuvent également interagir de manière éthique, en considérant les conséquences à long terme de leurs actions et en formulant des jugements fondés sur leur connaissance du bien et du mal.

Cependant, l'IA n'est pas toujours intrinsèquement dotée d'un raisonnement moral. Si les structures d'IA peuvent être programmées pour se conformer à des règles éthiques, leurs tactiques de sélection reposent entièrement sur des algorithmes et des données. Par exemple, des voitures autonomes peuvent être programmées pour donner la priorité à la sécurité des passagers, mais elles manquent du raisonnement moral nécessaire pour prendre des décisions fondées principalement sur l'empathie ou les préoccupations morales humaines dans des conditions imprévisibles. Les dilemmes éthiques entourant l'IA suscitent des débats sur la manière d'utiliser les machines pour faire des choix conformes aux valeurs humaines, notamment dans des situations de vie ou de mort ou lorsque des intérêts conflictuels sont en jeu.

L'IA est avant tout un outil créé par l'humain, et son cadre moral dépend de la manière dont les êtres humains choisissent de la concevoir et de l'utiliser. Le débat sur l'IA et l'éthique met en lumière la difficulté de garantir que les systèmes d'IA fonctionnent de manière honnête, transparente et conforme aux normes sociétales.

Bien que l'IA et l'intelligence humaine présentent certaines similitudes en termes de traitement des données et d'exécution des tâches, les différences entre elles sont profondes. L'intelligence humaine est multiforme, liée à la conscience, aux émotions, à la créativité, aux interactions sociales et au raisonnement éthique. L'IA, en revanche, opère dans un périmètre restreint, décrit à l'aide d'algorithmes et de statistiques, sans auto-attention, émotions ni expertise éthique. À mesure que la technologie de l'IA continue d'évoluer, l'écart entre l'intelligence humaine et l'IA pourrait se réduire dans certains domaines, mais les différences fondamentales dans la nature de la pensée et de l'expérience resteront probablement une caractéristique déterminante de la cognition humaine.

1.4. Aperçu historique du développement de l'IA

Le développement de l'intelligence artificielle est l'histoire de la rencontre entre l'imagination humaine, la précision mathématique, l'ingéniosité computationnelle et la recherche philosophique. De ses racines mythologiques et conceptuelles aux réseaux neuronaux avancés du XXIe siècle, l'IA a progressé à travers une série d'idées visionnaires, de fondements théoriques, de mises en œuvre expérimentales et de percées révolutionnaires. Retracer son histoire permet non seulement de mettre en lumière les jalons de la réussite technologique, mais aussi d'éclairer les thèmes récurrents de l'optimisme, du scepticisme et de la redéfinition constante de ce que signifie réellement l'intelligence.

Les racines les plus anciennes de l'intelligence artificielle ne se trouvent plus dans le code ou le silicium, mais dans les mythes et les légendes. La mythologie grecque antique parle de Talos, un automate de bronze construit avec l'aide d'Héphaïstos pour protéger l'île de Crète. Dans la légende chinoise, Yan Shi créa pour le roi Mu une figure humanoïde, censée se déplacer à pied et chanter. Ces souvenirs révèlent une fascination durable pour le développement d'êtres artificiels, reflétant la volonté de l'humanité d'inculquer la confiance par la pensée et le mouvement.

À l'âge d'or de l'Islam, des polymathes comme Al-Jazari ont conçu des dispositifs mécaniques imitant le comportement humain ou animal. Son « Livre de la connaissance des dispositifs mécaniques ingénieux » de 1206 couvrait des horloges à eau et des automates utilisant des engrenages et des structures hydrauliques, démontrant que le comportement programmable, semblable à celui d'un appareil, était viable des siècles avant l'avènement des ordinateurs électroniques.

Au XVIIe siècle, des philosophes comme René Descartes et Thomas Hobbes ont posé les bases d'une conception de la pensée humaine comme un système mécanique. Descartes considérait les animaux comme des automates, tandis que Hobbes déclarait avec une expression célèbre que « la cause n'est rien d'autre qu'un calcul », préfigurant ainsi la vision computationnelle de la cognition.

Le XIXe siècle a fourni l'infrastructure mathématique indispensable à l'IA. Le bon sens formel de George Boole et la logique symbolique de Gottlob Frege sont devenus essentiels au raisonnement informationnel en tant que processus symbolique. Charles Babbage, souvent considéré comme le père de l'ordinateur, et Ada Lovelace, la première programmeuse au monde, ont imaginé des machines programmables capables de manipuler des symboles au-delà des nombres – une idée qui alimente directement les modes d'IA symbolique du XXe siècle.

L'essor décisif du concept computationnel est venu d'Alan Turing. En 1936, Turing a proposé l'idée de la machine de Turing, une construction théorique capable d'effectuer n'importe quel calcul. Son article de 1950, « Computing Machinery and Intelligence », a donné naissance au test de Turing, qui est devenu une mesure philosophique et pratique fondamentale de l'intelligence artificielle. Turing ne considérait pas l'IA comme une simple possibilité; il la considérait comme le résultat inévitable de la puissance computationnelle et de l'acquisition de connaissances.

La Seconde Guerre mondiale a accéléré le développement des premières machines informatiques, notamment l'ENIAC et le Colossus, utilisées pour le décryptage et les calculs balistiques. Ces machines imposantes ont jeté les bases des machines à merveilles en prouvant que les appareils électroniques pouvaient traiter des commandes complexes.

L'intelligence artificielle (IA) est apparue comme une discipline scientifique à part entière au milieu du XXe siècle. La conférence de Dartmouth de 1956, organisée par John McCarthy, Marvin Minsky, Nathaniel Rochester et Claude Shannon, est largement considérée comme la naissance de l'IA. McCarthy a inventé le terme « intelligence artificielle » et l'institution a proposé avec audace que « chaque composante de l'apprentissage ou toute autre caractéristique de l'intelligence peut en principe être définie avec une telle précision qu'une machine pourrait la simuler ».

Cette époque, souvent appelée « ère de l'IA classique » ou « ère symbolique », se concentrait sur l'utilisation du bon sens formel et de règles symboliques pour simuler le raisonnement. Des programmes comme Logic Theorist (1956) d'Allen Newell et Herbert A. Simon devaient démontrer des théorèmes mathématiques, tandis qu'ELIZA (1964-1966), une des premières machines de traitement du langage naturel de Joseph Weizenbaum, imitait un psychothérapeute rogérien.

À ce stade, la recherche en IA était imprégnée d'optimisme. Nombreux étaient ceux qui pensaient que l'intelligence humaine n'était qu'à un horizon de plusieurs décennies. Le gouvernement et l'armée américains ont investi massivement dans les laboratoires d'IA du MIT, de Stanford et de Carnegie Mellon.

La réalité, cependant, s'est révélée plus tenace. Les premières structures d'IA pouvaient résoudre des problèmes bien fondés, mais elles échouaient lamentablement face aux anomalies et aux nuances des environnements réels. Des programmes pouvaient jouer aux échecs ou résoudre des énigmes de bon sens, mais ils étaient incapables de reconnaître les visages, de comprendre la parole dans des environnements bruyants ou de traduire le langage avec précision contextuelle.

Le goulot d'étranglement de l'expertise est devenu évident: les systèmes d'IA symbolique nécessitaient d'énormes quantités de règles codées manuellement, fragiles et spécifiques à chaque domaine. De plus, le matériel informatique n'était plus suffisamment puissant pour prendre en charge des modèles dynamiques plus performants.

La désillusion s'est installée. Le rapport Lighthill au Royaume-Uni (1973) et une réduction du financement américain ont conduit au premier hiver de l'IA, une période de diminution de l'intérêt, des investissements et du développement dans le domaine.

L'IA a repris son essor dans les années 1980 grâce au développement de structures expertes, des programmes imitant la capacité décisionnelle des professionnels humains. MYCIN, une des premières machines expertes développées à Stanford, pourrait diagnostiquer des infections bactériennes et proposer des antibiotiques avec une grande précision. Ces structures utilisaient des moteurs de jugement et d'inférence fondés sur des règles pour prendre des décisions et se sont avérées commercialement viables dans des domaines tels que le diagnostic clinique, l'exploration minière et les prévisions financières.

Ce regain d'intérêt pour ce loisir a suscité des investissements industriels massifs. Le projet japonais de systèmes informatiques de 50e génération visait à créer des machines intelligentes utilisant la programmation logique et le traitement parallèle, et les pays occidentaux ont répondu par un financement renouvelé.

Cependant, les structures professionnelles ont souffert de problèmes d'évolutivité. Comme les précédentes IA symboliques, elles ont été difficiles à maintenir et à adapter. Avec la complexité croissante du monde réel, ces structures se sont révélées rigides et sujettes aux erreurs. À la fin des années 1980, l'IA est entrée à nouveau dans une période de scepticisme – le deuxième hiver de l'IA.

Des cendres de l'IA symbolique est né un nouveau paradigme: l'apprentissage automatique. Plutôt que de coder l'intelligence avec des règles logiques, les chercheurs ont commencé à concevoir des algorithmes capables d'apprendre à partir de données. Cette évolution a été en partie rendue possible par l'augmentation de la puissance de calcul et la disponibilité d'énormes ensembles de données.

Les techniques clés ont protégé le bois de décision, les machines à vecteurs assistés et les réseaux bayésiens. Plus important encore, les réseaux neuronaux, inspirés par la structure du cerveau, ont commencé à se montrer prometteurs après avoir été largement ignorés pendant de nombreuses années. Bien que les premiers réseaux neuronaux (comme les perceptrons) aient été limités, le développement de la rétropropagation dans les années 1980 a permis aux réseaux multicouches d'étudier des schémas plus complexes.

Durant cette période, l'IA a fait des progrès discrets mais énormes dans des domaines tels que:

• Reconnaissance optique de personnes (OCR)

• Filtrage anti-spam

• Structures de recommandation

• Notation de crédit

Bien que l'IA ne soit pas encore connue du public, elle s'intègre désormais dans les applications courantes.

L'explosion de l'IA dans la conscience collective s'est produite grâce à l'essor de l'acquisition de connaissances approfondies, un sous-domaine de l'apprentissage automatique utilisant des réseaux neuronaux profonds à plusieurs couches. Ce phénomène a été alimenté par:

• De grandes quantités de statistiques provenant du net et des capteurs

• GPU abordables et hautes performances

• Innovations dans les algorithmes de structure et d'optimisation

En 2012, AlexNet, un réseau neuronal convolutif développé par Alex Krizhevsky, a largement surpassé les méthodes conventionnelles de vision par ordinateur dans la compétition ImageNet. Cela a marqué le début d'un nouvel âge d'or de l'IA.

Les avancées se succèdent rapidement:

• AlphaGo (DeepMind, 2016) a battu les champions internationaux de Go en utilisant des connaissances acquises par renforcement profond.

• GPT-2 et GPT-3 (OpenAI, 2019–2020) ont établi des compétences remarquables à l'ère du langage.

• BERT (Google, 2018) a converti les informations en langage naturel.

• DALL-E, Stable Diffusion et CLIP ont ouvert la porte à l'imagerie générée par l'IA.

• ChatGPT (OpenAI, 2022) a ajouté l'IA conversationnelle à des millions de doigts.

Des secteurs tels que la santé, la logistique, les loisirs et le droit, ont commencé à intégrer des systèmes basés sur l'apprentissage profond. Les moteurs autonomes, les assistants vocaux, les diagnostics d'imagerie clinique, la modélisation financière et l'émergence de contenu ont tous été transformés.

Les années 2020 ont vu l'essor des modèles de base, des modèles géants formés à partir de données d'applications modernes, comme GPT-4 d'OpenAI, Gemini de Google DeepMind et Claude d'Anthropic. Ces modèles affichent des capacités émergentes: ils exécutent des tâches pour lesquelles ils n'ont pas été explicitement formés, du codage à la composition musicale.

Parallèlement, les enjeux se sont accrus. Les questions de partialité, d'informations erronées, d'alignement sur l'IA et de menace existentielle ont occupé une place centrale dans les débats universitaires et politiques. Les gouvernements s'empressent d'élaborer des règles sur l'IA. La loi sur l'IA de l'Union européenne, les décrets présidentiels américains et les sommets mondiaux, dont le Sommet sur la sécurité de l'IA au Royaume-Uni, reflètent le sentiment croissant que l'IA n'est plus seulement un outil, mais une force qui façonne les sociétés, les économies et la géopolitique.

L'histoire de l'IA ne se résume pas à une orientation immédiate, mais à un paysage complexe d'ambitions, d'échecs, de réinventions et d'accélérations. Des mythes historiques aux processeurs quantiques, des théorèmes fondés sur le bon jugement aux architectures transformatrices, le développement de l'IA reflète la quête incessante de l'humanité pour comprendre et reproduire l'intelligence. Alors que nous sommes aux frontières de l'intelligence artificielle moderne, l'histoire de l'IA nous rappelle non seulement le chemin parcouru, mais aussi l'imbrication de nos ambitions technologiques et de nos questionnements philosophiques les plus profonds.

1.5. Technologies clés de l'IA (par exemple, apprentissage automatique, apprentissage profond)

L'intelligence artificielle n'est pas une technologie unique, mais un ensemble de concepts scientifiques, d'algorithmes et d'architectures informatiques interdépendants qui, ensemble, permettent aux machines d'imiter, voire de surpasser, certaines facettes de l'intelligence humaine. La transformation de l'IA, d'un concept théorique à une force concrète, a été favorisée par une multitude d'avancées technologiques, chacune s'appuyant sur les autres pour créer une base solide. Parmi celles-ci, l'apprentissage automatique et l'apprentissage profond se distinguent comme des piliers essentiels, mais ils se reflètent également dans des avancées tout aussi importantes en matière de traitement de l'information, d'architecture des réseaux neuronaux, d'accélération matérielle, de compréhension du langage naturel, etc. Comprendre les technologies qui alimentent l'IA est essentiel pour comprendre ses capacités actuelles et anticiper son évolution future.

L'apprentissage automatique (ML) est la technologie fondamentale qui a transformé l'IA, passant de structures de jugement symboliques à des systèmes adaptatifs, pilotés par les données. Contrairement à la programmation traditionnelle, où les instructions sont explicitement codées, l'apprentissage automatique permet aux structures de déduire directement des modèles et des politiques à partir de données. Dans l'apprentissage supervisé, les algorithmes sont formés sur des ensembles de données catégorisés, permettant des tâches telles que la classification d'images, la détection de courrier indésirable ou la prédiction de défaut de paiement. L'apprentissage non supervisé, en revanche, découvre des structures dans des données non étiquetées, ce qui la rend utile pour le clustering, la détection d'anomalies et la réduction de dimensionnalité. L'apprentissage par renforcement introduit une version basée sur les agents où les structures étudient les comportements les plus fiables par essais et erreurs, guidées par des récompenses, ouvrant la voie à des applications telles que la robotique et les jeux de hasard stratégiques.

Parmi tous les paradigmes de l'apprentissage automatique, l'apprentissage profond représente le plus grand bond en avant de ces dernières années. Inspiré par la structure en couches du cerveau humain, l'apprentissage profond repose sur des réseaux de neurones synthétiques à plusieurs couches – d'où le terme « profond » – pour analyser les représentations hiérarchiques de l'information. Les réseaux de neurones profonds (DNN) ont révolutionné des domaines tels que la vision par ordinateur, où dominent les réseaux de neurones convolutifs (CNN); le traitement du langage naturel, où les réseaux de neurones récurrents (RNN), la mémoire à long terme (LSTM) et, plus récemment, les modèles basés sur des transformateurs comme BERT et GPT ont redéfini la communication homme-système. L'apprentissage profond excelle dans la mesure où il permet d'extraire automatiquement des informations à partir de données brutes, éliminant ainsi le besoin d'ingénierie fonctionnelle manuelle et permettant aux modèles de saisir des formes plus complexes et plus synthétiques.

Les transformateurs, présentés dans l'article de 2017 « Attention is All You Need », sont sans doute devenus la pierre angulaire de l'IA de pointe. Ces modèles utilisent des mécanismes d'auto-attention pour traiter des séquences entières simultanément plutôt que pas à pas, permettant une parallélisation et une expérience contextuelle bien plus poussées. Les transformateurs sont à la base des nouveaux modèles de langages à grande échelle (MLH), notamment GPT-4, capables de générer du texte cohérent, de traduire des langues, d'écrire du code ou même de démontrer des capacités de raisonnement proches de l'intelligence artificielle. L'architecture des transformateurs a également été étendue à la vision par ordinateur avec des modèles comme Vision

Transformer (ViT), unifiant ainsi davantage l'IA entre ses différentes modalités.

La clé du succès du ML et de l'apprentissage profond réside dans l'explosion des données et de l'infrastructure nécessaire pour les traiter. L'ère du numérique a généré d'immenses océans de données, structurées et non structurées, allant des flux de capteurs et des réseaux sociaux à l'imagerie biomédicale et aux transactions financières. Des ensembles de données de haute qualité tels qu'ImageNet, Common Crawl et Wikipédia sont devenus le terrain d'apprentissage des architectures d'IA. Parallèlement, les technologies de l'information à grande échelle comme Apache Hadoop et Spark ont permis de gérer et de manipuler ces données à grande échelle. Sans données, l'apprentissage est impossible; par conséquent, l'ingénierie des données et la conservation des données sont devenues des éléments fondamentaux du développement de l'IA.

Le rôle de l'accélération matérielle est crucial. L'entraînement des réseaux neuronaux profonds est coûteux en calculs, nécessitant souvent des milliards d'opérations matricielles sur de vastes ensembles de données. Les processeurs graphiques (GPU), initialement conçus pour le rendu d'images, se sont révélés parfaitement adaptés à la parallélisation de ces calculs. Des entreprises comme NVIDIA ont conçu des GPU sur mesure pour l'acquisition de données en profondeur, tandis que Google a développé le Tensor Processing Unit (TPU), un ASIC (circuit intégré spécifique à une application) conçu de A à Z pour les charges de travail d'IA. Plus récemment, des puces d'IA latérale ont été développées pour exécuter des inférences sur des appareils à puissance limitée, tels que les smartphones, les capteurs IoT et les drones autonomes.

Le traitement automatique du langage naturel (TALN) est un autre domaine crucial, qui a fait d'énormes progrès vers une maîtrise approfondie et des transformateurs. Les structures traditionnelles de TALN basées sur des règles étaient confrontées à des problèmes d'ambiguïté, d'idiomes et de contexte. Les modèles d'IA actuels, quant à eux, peuvent comprendre les sentiments, résumer du texte, produire des essais cohérents, répondre à des questions avec contexte et même mener des dialogues à plusieurs tours. Des technologies telles que l'intégration de mots (par exemple, Word2Vec, GloVe) ont posé les bases de l'expertise contextuelle en représentant les phrases sous forme de vecteurs dans un espace à grande dimension. Les transformateurs ont également permis ce processus en modélisant des séquences entières et leurs interdépendances, atteignant des niveaux de fluidité et de compréhension que l'on croyait autrefois inaccessibles.

Dans le domaine de la vision par ordinateur, les réseaux de neurones convolutifs ont atteint des performances surhumaines dans des tâches telles que la classification d'images, la détection d'objets, la reconnaissance faciale et la connaissance de scènes. ImageNet, un jeu de données de référence contenant plus de 14 millions d'images catégorisées, a catalysé cette évolution. La réalisation de modèles de vision profonde a permis la création de systèmes allant des véhicules autonomes et des diagnostics cliniques à l'imagerie par satellite et à la réalité augmentée.

L'apprentissage par renforcement (RL) joue également un rôle important dans le paysage de l'IA. Avec l'RL, les commerçants apprennent en interagissant avec un environnement et en optimisant leur comportement en fonction des retours. L'RL a joué un rôle essentiel dans l'apprentissage des systèmes d'IA pour jouer à des jeux comme Atari, à des jeux de société comme Go (par exemple, AlphaGo) et pour contrôler des systèmes robotiques. L'apprentissage par renforcement profond combine l'RL et l'apprentissage profond pour traiter des entrées de grande dimension, permettant ainsi aux marketeurs d'apprendre des règles à partir de données de pixels brutes. Cette fusion a ouvert de nouvelles perspectives en matière de structures autonomes et de contrôle adaptatif.

Un autre atout technologique pour l'IA est le transfert de connaissances. Traditionnellement, les modèles étaient entraînés de A à Z pour chaque nouvelle mission, ce qui nécessitait un volume considérable d'informations et de temps. L'apprentissage par transfert permet d'adapter un modèle formé pour une tâche donnée à une autre, malgré des informations limitées. Les modèles pré-entraînés, comme BERT ou GPT, peuvent être affinés pour des tâches précises comme l'analyse des sentiments ou la révision des rapports criminels, réduisant ainsi considérablement les ressources nécessaires à l'installation de systèmes d'IA fonctionnels dans de nouveaux domaines.

L'intégration de l'IA à l'Internet des objets (IoT) et à l'informatique de pointe transforme également le fonctionnement de l'intelligence. Plutôt que de s'appuyer uniquement sur des systèmes cloud centralisés, l'IA peut désormais fonctionner localement sur des appareils, permettant une prise de décision en temps réel, sans latence ni problèmes de connectivité. Les thermostats intelligents, les moniteurs d'activité portables, les robots industriels et les voitures autonomes utilisent de plus en plus l'inférence intégrée aux outils pour plus de réactivité et de confidentialité.

Les plateformes de cloud computing, composées d'AWS, de Google Cloud et de Microsoft Azure, ont démocratisé l'accès aux technologies d'IA. Elles offrent une infrastructure, des outils et des API permettant aux développeurs et aux agences de créer, d'entraîner et d'installer des modèles d'IA sans investir dans du matériel spécialisé. Cela a permis une expérimentation et une évolutivité rapides, accélérant ainsi le rythme de l'innovation en IA dans tous les secteurs.

L'IA explicable (XAI) est un impératif technologique émergent qui vise à rendre le fonctionnement interne de modèles complexes interprétable par l'humain. L'utilisation croissante des systèmes d'IA dans des programmes à enjeux élevés, tels que la santé, la finance et le droit, rend cruciale la compréhension des processus décisionnels. Des techniques telles que les valeurs SHAP, LIME et les visualisations de l'attention visent à assurer la transparence, garantissant que les modèles peuvent être audités, fiables et corrigés si nécessaire.

Enfin, l'intersection de l'IA avec différentes technologies de pointe, telles que l'informatique quantique, la biologie synthétique et les recommandations blockchain, offre des opportunités transformatrices. L'apprentissage des systèmes quantiques, bien qu'encore balbutiant, devrait à terme accélérer exponentiellement le processus d'apprentissage. La biologie artificielle pilotée par l'IA est déjà utilisée pour concevoir des protéines et développer de nouveaux traitements. Les modèles d'IA basés sur la blockchain peuvent fournir une intelligence décentralisée, améliorant ainsi la sécurité et la confidentialité des systèmes d'IA collaborative.

Les technologies qui sous-tendent l'IA forment un ensemble dynamique et complexe. L'apprentissage automatique et l'acquisition de connaissances approfondies en constituent les moteurs essentiels, mais leurs capacités sont amplifiées par les avancées en matière de matériel, de systèmes statistiques, de structures cloud, de modèles de langage, de réseaux de vision et d'innovations théoriques. Ces technologies ne fonctionnent pas isolément: elles se renforcent mutuellement, constituant ainsi la base de l'incroyable polyvalence et de la puissance de l'IA actuelle. À mesure que les recherches et les développements se poursuivent, ces technologies fondamentales évolueront, fusionneront et peut-être même propulseront vers des paradigmes entièrement nouveaux qui redéfiniront l'intelligence d'une manière que nous pouvons difficilement prévoir aujourd'hui.

CHAPITRE 2

Intelligence artificielle et société

2.1 L'impact social de l'IA

L'intelligence artificielle (IA) transforme rapidement le paysage social, transformant le fonctionnement des individus, des communautés et des sociétés dans leur ensemble. L'intégration massive des technologies d'IA dans divers aspects de la vie quotidienne offre à la fois défis et possibilités. Cette transformation impacte tout, des relations interpersonnelles aux systèmes politiques et aux normes culturelles. Les implications sociales de l'IA sont profondes, car elle modifie fondamentalement nos interactions avec la société, les autres et les institutions qui nous gouvernent.

Au cœur de l'impact social de l'IA réside son impact sur les relations humaines. Les technologies de l'IA, notamment sous la forme de chatbots, d'assistants virtuels et de compagnons robotisés, sont désormais indispensables à de nombreux aspects de notre vie. Ces outils ne se contentent pas de nous aider dans nos tâches quotidiennes, ils commencent également à façonner la façon dont les êtres humains communiquent, construisent leurs relations et apprécient la compagnie.

Par exemple, les assistants virtuels pilotés par l'IA, tels que Siri, Alexa et Google Assistant, sont devenus monnaie courante à la maison comme au bureau, offrant un niveau de confort et de connectivité auparavant inaccessible. Ces systèmes d'IA sont capables de répondre à des questions, de fournir des indices et de gérer les tâches quotidiennes. À mesure que l'IA devient plus experte dans l'analyse des émotions et des conversations humaines, elle commence également à jouer un rôle dans le soutien social. Les applications de thérapie basées sur l'IA, comme Woebot et Replika, sont conçues pour apporter un soutien émotionnel, simuler des conversations significatives et aider les utilisateurs à exprimer leurs émotions. Si ces systèmes peuvent atténuer la solitude de certains, ils soulèvent également des questions sur la nature des relations humaines et les risques potentiels liés à la substitution des interactions humaines par l'IA.

De plus, le rôle de l'IA dans les médias sociaux a eu un impact considérable sur le comportement et les relations humaines. Les plateformes de médias sociaux comme Facebook, Twitter et Instagram exploitent les algorithmes d'IA pour sélectionner le contenu, anticiper les préférences des utilisateurs et favoriser l'engagement. Cela a entraîné une multiplication des chambres d'écho, où les individus ne sont exposés qu'à des points de vue correspondant à leurs propres intérêts, ce qui peut aggraver les divisions sociales. Les algorithmes qui pilotent ces plateformes peuvent influencer la manière dont les individus interagissent, façonnant les opinions, voire influençant les politiques. Alors que l'IA continue de jouer un rôle important dans nos vies numériques, son impact sur les dynamiques sociales est susceptible de croître, créant de nouvelles formes de communication et de connexion qui brouillent les frontières entre l'humain et l'appareil.

L'IA contribue également à des changements considérables dans les structures sociales, notamment en termes de dynamiques de pouvoir et d'inégalités. L'adoption de l'IA dans tous les secteurs a entraîné une automatisation qui, tout en améliorant la productivité, a également entraîné des déplacements d'activité pour de nombreux travailleurs. Des secteurs entiers, notamment l' industrie manufacturière et le service client, dépendent de plus en plus des structures d'IA, creusant un fossé entre ceux qui possèdent les compétences nécessaires pour s'adapter aux industries axées sur l'IA et ceux qui sont laissés pour compte par ces avancées technologiques.

Cette fracture virtuelle contribue à creuser les écarts socio-économiques. Les individus et les groupes à hauts revenus sont généralement les premiers à bénéficier des avantages de l'IA, car ils disposent des ressources nécessaires pour investir et mettre en œuvre les technologies d'IA. Parallèlement, les personnes issues des secteurs à faibles revenus, dépourvues d'accès aux technologies modernes ou de la formation nécessaire pour les utiliser, peuvent également être confrontées à des risques financiers croissants. Par exemple, si les technologies de santé basées sur l'IA peuvent améliorer les résultats des soins de santé, leurs avantages ne sont pas accessibles à tous. Les personnes vivant dans des régions mal desservies peuvent également se retrouver exclues de ces améliorations, ce qui accentue les disparités existantes en matière de soins de santé et d'éducation.

De plus, les dynamiques énergétiques entourant l'IA ne se limitent pas aux inégalités économiques. Les gouvernements et les entreprises utilisent de plus en plus l'IA pour identifier les résidents et les clients, ce qui suscite des inquiétudes quant à la confidentialité et à la surveillance. Les technologies de surveillance basées sur l'IA, notamment la reconnaissance faciale, sont de plus en plus courantes dans les espaces publics, où elles sont utilisées par les forces de l'ordre et les organismes privés pour surveiller les déplacements et les comportements des personnes. Si ces structures peuvent également améliorer la sécurité et simplifier les services, elles présentent également des risques importants pour les libertés civiles. L'omniprésence de l'IA dans la surveillance soulève d'importantes questions sur l'équilibre entre sécurité et liberté individuelle à l'ère numérique.

L'impact de l'IA dépasse les systèmes monétaires et sociaux pour s'étendre au domaine culturel. À mesure que l'IA s'intègre de plus en plus aux industries créatives, elle commence à s'attaquer aux notions traditionnelles d'art, de créativité et de paternité. Les outils basés sur l'IA sont utilisés pour composer de la musique, écrire des ouvrages et créer des œuvres visuelles, suscitant des débats sur la capacité des machines à être créatives et sur la valeur des œuvres générées par l'IA par rapport aux créations humaines.

L'impact de l'IA sur les modes de vie se mesure également par sa capacité à transformer l'éducation, les médias et le divertissement. Les systèmes d'apprentissage personnalisés basés sur l'IA révolutionnent l'éducation, proposant des programmes sur mesure qui répondent aux besoins des étudiants. Parallèlement, la capacité de l'IA à analyser d'énormes quantités de données ouvre la voie à des stratégies marketing ultra-ciblées, capables de façonner les préférences des consommateurs et d'influencer les tendances culturelles. L'industrie du divertissement compte de plus en plus sur l'IA pour anticiper les contenus qui trouveront un écho auprès du public, créant ainsi une approche de la production innovante davantage axée sur les données.

À mesure que les technologies de l'IA continuent d'évoluer, elles pourraient rester fonctionnelles et redéfinir les normes culturelles. Les frontières entre les contenus créés par l'homme et ceux créés par les appareils pourraient également devenir de plus en plus floues, obligeant la société à reconsidérer sa conception de l'originalité, de la créativité et de la propriété intellectuelle. L'intégration de l'IA dans la vie quotidienne pourrait également avoir de profondes répercussions sur l'identité et les valeurs culturelles, car chaque société adopte et s'adapte à l'IA en fonction de ses propres traditions et priorités.

La présence croissante de l'IA dans la société offre à la fois des opportunités et des défis. Si elle permet d'améliorer l'efficacité, d'améliorer la connectivité et de résoudre des problèmes mondiaux complexes, elle engendre également d'importants enjeux sociaux et éthiques. L'intégration de l'IA dans la vie quotidienne transforme la façon dont les humains interagissent avec la société, les autres et le monde qui les entoure. Alors que l'IA continue de façonner nos systèmes sociaux, nos comportements et nos normes culturelles, il est essentiel que la société engage des discussions réfléchies et responsables sur la manière de gérer ces changements.

Les implications sociales de l'IA sont profondes et multiformes. À mesure que la technologie s'adapte, ses conséquences pourraient se faire sentir dans tous les aspects de la vie. La société doit exploiter le potentiel de l'IA tout en atténuant ses risques, en veillant à ce qu'elle serve le bien commun et favorise un avenir plus équitable et inclusif pour tous. L'avenir de l'IA et de la société dépendra de la manière dont nous, en tant que réseau mondial, choisirons d'aborder cette ère transformatrice, ce qui en fait un défi qui exige attention, collaboration et prospective.

2.2 L'impact économique de l'IA

L'intelligence artificielle (IA) transforme les économies du monde entier, transformant les industries, les marchés du travail et même les structures financières dans leur ensemble. L'essor de l'IA modifie la manière dont les biens et services sont produits, distribués et consommés. Son impact dépasse l'automatisation et impacte les modèles financiers, les dynamiques de changement et les structures économiques.

L'un des impacts financiers les plus importants de l'IA réside dans sa capacité à automatiser les tâches et les stratégies dans de nombreux secteurs. L'automatisation a été un moteur de l'augmentation de la productivité dans des secteurs allant de la production aux services, et l'IA accélère ce mouvement. Les machines équipées d'algorithmes d'IA peuvent exécuter des tâches avec plus de rapidité, de précision et de performance que les humains, ce qui permet de réaliser des économies et d'améliorer les niveaux de production.

Dans le secteur manufacturier, des robots dotés d'IA font déjà leur apparition, réalisant des tâches sur les lignes de production avec une intervention humaine minimale. Ces robots peuvent travailler 24 heures sur 24, ce qui entraîne une hausse des coûts de production et une meilleure utilisation des ressources vertes. De même, dans des secteurs comme la logistique, l'IA optimise les chaînes de livraison, réduit les déchets et améliore la gestion des stocks. Dans le secteur financier, les structures d'IA peuvent analyser de vastes ensembles de données et exécuter des transactions plus rapidement que les humains, améliorant ainsi l'efficacité des marchés financiers et améliorant les stratégies d'investissement.

La capacité de l'IA à améliorer la productivité ne se limite pas aux secteurs traditionnels. Dans le secteur des transporteurs, l'IA améliore la productivité en automatisant les tâches récurrentes telles que l'accès aux dossiers, le support client et la planification. Les chatbots, par exemple, sont de plus en plus utilisés par les entreprises pour interagir avec leurs clients, leur apporter leur soutien et résoudre leurs problèmes, réduisant ainsi le recours à l'intervention humaine. De même, les algorithmes d'IA peuvent optimiser les opérations commerciales en prédisant la demande, en gérant les ressources et en améliorant la prise de décision.

Si l'IA améliore la productivité et la performance financière, son impact sur le marché du travail est plus complexe. D'un côté, l'automatisation peut réduire les coûts du travail et rendre les entreprises plus compétitives. De l'autre, elle peut entraîner des déplacements de tâches, notamment dans les secteurs où les tâches sont étonnamment routinières ou manuelles.

L'introduction de l'IA au sein du personnel promet à la fois l'avènement de processus et la suppression de postes. L'automatisation massive des tâches courantes accroît le risque de chômage pour les travailleurs dont les emplois sont les plus exposés à l'IA. Par exemple, les emplois dans la production, le transport et le service client sont déjà affectés par l'IA et l'automatisation, les robots et les machines prenant en charge des tâches traditionnellement effectuées par des humains.

Les fourgonnettes autonomes et les drones de livraison, par exemple, pourraient remplacer des centaines de milliers d'emplois dans le secteur des transports, des chauffeurs routiers aux manutentionnaires. De même, dans le service client, les chatbots et les assistants virtuels représentent un nombre croissant de tâches autrefois confiées à des vendeurs. Si ces technologies peuvent créer de nouvelles opportunités d'emploi dans des domaines tels que la robotique, les sciences de l'information et l'intelligence artificielle, elles suscitent également des inquiétudes quant au déplacement de travailleurs peu qualifiés, dépourvus des ressources ou des compétences nécessaires pour évoluer vers de nouveaux postes.

La mission des décideurs politiques et des entreprises est de gérer efficacement cette transition. Les programmes de requalification et de perfectionnement peuvent s'avérer essentiels pour aider les employés à s'adapter à un marché du travail en pleine mutation. Les gouvernements et les collectivités doivent investir dans la formation et l'éducation afin de doter les individus des compétences nécessaires pour prospérer dans une économie axée sur l'IA. De plus, la création de nouvelles opportunités de carrière dans des secteurs tels que la recherche en IA, la cybersécurité et l'apprentissage automatique sera essentielle pour garantir que les avantages de l'IA soient largement partagés par la société.

Alors que l'IA continue de transformer l' économie mondiale, elle risque également d'exacerber les inégalités économiques. La fracture numérique, c'est-à-dire la distance entre ceux qui ont accès aux technologies numériques et ceux qui n'y ont pas accès, représente un défi de taille. Si les pays développés et les grandes entreprises sont capables d'exploiter la puissance de l'IA pour stimuler l'innovation et la croissance, les pays en développement et les petites entreprises pourraient également avoir du mal à suivre le rythme.

Dans les pays riches, l'IA est utilisée pour améliorer la productivité, créer de nouveaux modèles économiques et stimuler la croissance économique. En revanche, dans les pays plus pauvres, l'accès aux technologies de l'IA et aux compétences nécessaires à leur utilisation peut être limité, ce qui creuse l'écart de développement économique. Cette fracture numérique est encore aggravée par l'accès inégal à l'éducation, à l'enseignement et aux infrastructures Internet, qui peut empêcher de larges pans de la population de bénéficier de la croissance induite par l'IA.

De plus, la concentration des compétences en IA entre les mains de quelques grandes entreprises et pays pourrait également susciter une prise de conscience de la richesse et du pouvoir. Des géants de la technologie comme Google, Amazon et Microsoft sont déjà à la pointe du développement de l'IA et disposent des ressources nécessaires pour investir massivement dans la recherche et le développement en IA. Cette prise de conscience du pouvoir dans le secteur de l'IA accroît les inquiétudes concernant les monopoles, la domination du marché et le potentiel de manipulation du marché. Les décideurs politiques devront s'attaquer à ces problèmes par le biais de cadres réglementaires et de lois sur la concurrence afin de garantir une répartition équitable des avantages de l'IA et de permettre aux petits acteurs de rivaliser.

L'IA a également un impact profond sur les changements mondiaux et la géopolitique. À mesure que l'IA devient un facteur de plus en plus important de l'essor économique, les pays leaders dans les études et le développement de l'IA bénéficieront d'une forte croissance sur le marché international. Les pays dotés de solides compétences en IA sont mieux placés pour dominer des secteurs clés, notamment la santé, l'industrie manufacturière et la finance, ce qui influencera les modèles économiques mondiaux et le pouvoir économique.

La Chine, par exemple, a considérablement investi dans la recherche et le développement de l'IA et s'efforce de devenir le leader mondial de ce domaine d'ici 2030. Les États-Unis, forts de leur industrie technologique florissante, ont également été à l'avant-garde de l'innovation en la matière. La concurrence entre ces deux superpuissances économiques pour la domination de l'IA a des implications géopolitiques, car l'IA devient un outil non seulement pour la croissance économique, mais aussi pour des applications militaires et de sécurité. L'utilisation de l'IA dans les technologies de défense, les systèmes de surveillance et la cybersécurité transforme les systèmes de sécurité et de protection de la famille mondiale.

L'IA a également le potentiel de perturber les industries traditionnelles et les chaînes d'approvisionnement mondiales. Avec la croissance de l'automatisation induite par l'IA, le besoin d'efforts à faible valeur ajoutée dans la production pourrait également diminuer, entraînant des changements dans la dynamique des échanges mondiaux. Les pays fortement dépendants des efforts à bas salaires pourraient également être confrontés à des situations difficiles, car l'automatisation induite par l'IA réduit le besoin de main-d'œuvre humaine dans les stratégies de production. De même, la montée en puissance de l'IA dans des secteurs comme l'agriculture, la santé et la logistique devrait entraîner des modifications des flux commerciaux mondiaux, à mesure que les pays s'adapteront aux nouvelles technologies et aux chaînes d'approvisionnement.

L'impact financier de l'IA est vaste et multiforme. Si l'IA a le potentiel d'accroître considérablement la productivité, de créer de nouvelles opportunités commerciales et de transformer les industries, elle suscite également des inquiétudes quant aux déplacements d'activité, aux inégalités et à la répartition des richesses et du pouvoir. Pour pleinement reconnaître le potentiel de l'IA tout en atténuant ses risques, les décideurs politiques, les entreprises et les citoyens doivent collaborer afin de garantir que le développement économique induit par l'IA soit inclusif, équitable et durable.

L'avenir de l'IA et du système économique dépendra de la capacité des sociétés à gérer la transition vers un monde axé sur l'IA. En investissant dans la formation, les programmes de reconversion et des politiques économiques inclusives, les gouvernements peuvent contribuer à ce que les avantages de l'IA soient largement partagés par tous les segments de la société. L'IA a le potentiel de transformer l' économie mondiale, mais son impact pourrait être façonné par les choix que nous faisons aujourd'hui pour exploiter cette technologie transformatrice au service de la réalité quotidienne.

2.3 Changements dans le travail et l'emploi dus à l'IA

L'essor de l'intelligence artificielle (IA) transforme fondamentalement le marché du travail mondial et redéfinit la nature de l'emploi. À mesure que les structures d'IA se perfectionnent, leur intégration dans les industries et les lieux de travail a des conséquences à la fois avantageuses et négatives pour les employés. Si certains emplois sont supprimés, de nouvelles opportunités apparaissent également dans des domaines exigeant des compétences supérieures en IA, en analyse et en génération de données.

L'un des enjeux majeurs de l'IA réside dans sa capacité à déplacer des tâches. Avec le développement de l'IA, l'automatisation de tâches traditionnellement réalisées par des humains prend une ampleur croissante. Cette tendance est particulièrement marquée dans les secteurs où les tâches sont répétitives, routinières et facilement standardisées. Par exemple, les secteurs de la production, de la logistique, de la vente au détail et de l'administration ont déjà constaté le déploiement de systèmes basés sur l'IA, capables d'exécuter des tâches telles que le travail à la chaîne, le contrôle des stocks, l'accès aux données et le service client avec plus de performance et moins d'erreurs que les humains.

En production, les robots dotés d'IA peuvent effectuer des tâches complexes, comme l'assemblage de produits ou la manipulation de matériaux dangereux, avec beaucoup plus de succès que les travailleurs humains. Cela a permis d'accroître la productivité, mais signifie également que de nombreux emplois dans ces secteurs deviennent obsolètes. Par exemple, l'essor des voitures autonomes devrait bouleverser le secteur des transports, les chauffeurs routiers et les livreurs étant remplacés par des véhicules autonomes et des drones. De même, dans le secteur des services, les chatbots et les assistants virtuels alimentés par l'IA gèrent de plus en plus les demandes de service client, réduisant ainsi le besoin de personnel humain dans les centres d'appels et les services d'assistance.

Si l'automatisation des tâches récurrentes peut générer des économies de coûts et des gains de productivité considérables pour les entreprises, elle accroît également les craintes de pertes d'emplois, notamment pour les personnes peu qualifiées. Les personnes dont les tâches sont plutôt répétitives ou récurrentes sont les plus susceptibles d'être licenciées. Par exemple, les postes de caissier, de préposé à la saisie d'informations et de télévendeur sont déjà remplacés par des structures informatisées, laissant les employés occupant ces postes confrontés au chômage ou à la nécessité de se reconvertir.

Bien que l'IA soit susceptible d'entraîner des suppressions d'emplois dans certains secteurs, elle crée également de nouvelles opportunités dans des régions nécessitant des compétences spécialisées. L'adoption croissante de l'IA par les industries entraîne une demande croissante de personnel capable de développer, de gérer et de maintenir ces systèmes. Il s'agit notamment de postes en programmation, analyse de données, maîtrise des systèmes et robotique. Les professionnels compétents dans ces domaines sont très recherchés, car les entreprises et les agences ont besoin de professionnels qualifiés pour concevoir, déployer et superviser les systèmes d'IA.

L'IA favorise également la création de secteurs et de métiers totalement nouveaux, inexistants il y a quelques années.

Par exemple, l'essor des technologies de santé basées sur l'IA a entraîné l'émergence de postes impliquant des professionnels de santé, des analystes de dossiers médicaux et des experts en informatique de santé. Dans le secteur financier, l'IA permet le développement d'algorithmes de négociation, de systèmes de détection des fraudes et de services de conseil économique, créant ainsi de nouveaux postes dans la fintech et l'ingénierie économique. De même, des secteurs comme la cybersécurité, le développement automobile indépendant et la production intelligente voient leurs possibilités d'activité augmenter à mesure que l'IA s'intègre davantage à ces secteurs.

De plus, l'IA contribue à la création d'emplois dans des domaines exigeant une supervision et une créativité humaines, domaines dans lesquels l'ère de l'IA n'est pas encore en mesure de remplacer totalement l'intervention humaine. Par exemple, si l'IA peut analyser des ensembles de données volumineux et générer des informations, elle requiert néanmoins le jugement humain pour prendre des décisions complexes. Par conséquent, il existe une demande croissante de scientifiques des données, d'éthiciens de l'IA et de professionnels capables d'interpréter les résultats de l'IA et de les appliquer à des situations internationales réelles.

L'introduction de ces nouveaux rôles offre aux employés la possibilité d'accéder à des postes plus qualifiés. Cependant, le passage d'emplois peu qualifiés à des postes hautement qualifiés soulève également la question de la reconversion et de la mise à niveau des compétences du personnel pour répondre aux besoins d'une économie axée sur l'IA. Les travailleurs doivent acquérir de nouvelles compétences dans des domaines tels que les technologies de l'information, la programmation et l'apprentissage automatique pour rester compétitifs sur le marché du travail.

À mesure que l'IA évolue, les employés doivent s'adapter à ce nouveau paysage. Les travailleurs remplacés par l'automatisation pourraient également avoir besoin de se reconvertir ou de se perfectionner pour assumer de nouveaux rôles dans une économie axée sur l'IA. La reconversion implique l'acquisition de nouvelles compétences permettant aux employés d'accéder à des postes d'exception, tandis que la mise à niveau implique le renforcement des compétences existantes pour suivre le rythme des avancées technologiques.

Les gouvernements, les entreprises et les établissements d'enseignement joueront un rôle essentiel pour faciliter cette transition en proposant des programmes de requalification et de perfectionnement. Ces programmes doivent mettre l'accent sur les compétences pédagogiques les plus demandées, telles que la programmation, l'analyse de données et le développement de l'IA. De plus, la formation aux compétences fonctionnelles, notamment la résolution de problèmes, la communication et l'adaptabilité, sera essentielle pour préparer les employés à des postes nécessitant une supervision humaine des systèmes d'IA.

Les établissements d'enseignement doivent également adapter leurs programmes pour inclure davantage de cours axés sur la technologie. L'IA étant de plus en plus intégrée dans de nombreux secteurs, il est essentiel que les employés comprennent parfaitement le fonctionnement des systèmes d'IA et leur mise en œuvre dans des contextes commerciaux spécifiques. La collaboration entre les établissements d'enseignement et les leaders du secteur est essentielle pour garantir l'adéquation des compétences enseignées aux besoins du marché du travail.

Outre les formations et les programmes formels, les entreprises souhaitent investir dans le développement continu de leurs employés. En proposant des formations sur le terrain, du mentorat et des opportunités d'évolution professionnelle, elles peuvent aider leurs employés à rester compétitifs sur un marché du travail en constante évolution.

Outre les modèles d'emploi classiques, l'IA contribue également à l'essor de l'économie des petits boulots. Ce système, qui comprend des contrats à durée déterminée, des travaux en freelance et des postes temporaires, se généralise grâce à des systèmes basés sur l'IA qui facilitent la recherche d'emploi. Des plateformes comme Uber, TaskRabbit et Fiverr permettent aux travailleurs d'offrir leurs services à la demande, créant ainsi une main-d'œuvre flexible, libérée des contraintes des structures d'emploi traditionnelles.

L'IA joue un rôle essentiel dans l'économie des petits boulots en connectant les travailleurs aux employeurs et en facilitant la gestion des tâches des freelances. Par exemple, les algorithmes d'IA peuvent proposer des missions aux employés en fonction de leurs compétences, de leur localisation et de leur disponibilité. De plus, les outils basés sur l'IA permettent d'optimiser la planification, le traitement des factures et le suivi des performances, facilitant ainsi la gestion du travail des freelances.

Si le système économique des petits boulots offre davantage de flexibilité et d'autonomie aux employés, il accroît également les problèmes de protection des processus et des droits des employés. Les travailleurs à la demande ne bénéficient souvent pas des avantages et des protections dont bénéficient les travailleurs traditionnels, notamment en matière de santé, de régimes de retraite et de congés payés. Alors que l'IA continue de façonner le système économique des petits boulots, de nouvelles réglementations du travail, répondant aux défis spécifiques auxquels sont confrontés les travailleurs à la demande, pourraient se révéler nécessaires.

L'avenir du travail dans une économie axée sur l'IA sera probablement caractérisé par une flexibilité, une automatisation et une spécialisation accrues. Si l'IA continuera de supplanter certains emplois, elle créera également de nouvelles opportunités et stimulera l'innovation dans des domaines exigeant une compréhension humaine. La mission pourrait être de s'assurer que les employés disposent des talents et des ressources nécessaires pour s'épanouir dans ce nouveau contexte.

Les décideurs politiques, les groupes et les enseignants doivent collaborer pour gérer l'impact de l'IA sur le marché du travail et l'emploi. En investissant dans l'éducation, les programmes de requalification et des politiques d'emploi équitables, nous pouvons garantir que les bénéfices de la croissance économique induite par l'IA soient partagés par tous. À mesure que l'IA évolue, il sera essentiel de rester proactif et de préparer en amont les travailleurs aux changements, afin de veiller à ce que personne ne soit laissé pour compte dans la transition vers un avenir basé sur l'IA.

2.4. L'IA dans la vie quotidienne et les applications grand public

L'intelligence artificielle est passée des laboratoires et centres de recherche à la trame même de notre quotidien. Autrefois cantonnée aux concepts académiques et aux prototypes expérimentaux, l'IA imprègne désormais nos rapports quotidiens, souvent de manière invisible mais profondément percutante. Son impact s'étend à notre façon de communiquer, de stocker, de naviguer, de nous divertir, de gérer notre maison et même de prendre des décisions. L'intégration de l'IA aux applications grand public a non seulement amélioré les performances et la commodité, mais a également redéfini les attentes en matière de personnalisation, de rapidité et d'interactivité. Par conséquent, l'IA n'est plus un concept futuriste: c'est une force d'aujourd'hui qui façonne les comportements, les possibilités et les activités de milliards de personnes à travers le monde.

L'une des manifestations les plus répandues de l'IA dans la vie quotidienne se trouve sur les smartphones. Les algorithmes d'IA alimentent des assistants vocaux comme Siri d'Apple, Google Assistant et Alexa d'Amazon, permettant aux utilisateurs d'effectuer des tâches telles que créer des rappels, naviguer sur Internet, contrôler des appareils intelligents ou envoyer des messages en langage naturel. En coulisses, l'IA améliore les structures de correction automatique, la saisie prédictive, la reconnaissance vocale et les capacités de l'appareil photo. Les systèmes de reconnaissance d'images détectent automatiquement les visages, ajustent les conditions d'éclairage et suivent les filtres, tandis que les algorithmes, grâce à l'acquisition automatique de connaissances, personnalisent les indicateurs de contenu, préparent les photos et optimisent l'utilisation de la batterie en fonction du comportement de l'utilisateur.

Les plateformes de médias sociaux s'appuient sur des algorithmes d'IA de pointe qui optimisent les flux de contenu, proposent des connexions, filtrent les courriers indésirables et détectent les comportements à risque. Sur des plateformes comme Facebook, Instagram, Twitter et TikTok, les moteurs de recherche analysent les interactions des utilisateurs (j'aime, partages, temps de visionnage) afin de prioriser les contenus susceptibles de susciter l'intérêt. Ces plateformes utilisent des données d'apprentissage approfondies pour identifier le contexte, le sentiment ou même les options visuelles, en tenant compte des histoires personnalisées. Si cela renforce l'engagement des utilisateurs, cela accroît également les problèmes de filtrage des bulles, des chambres d'écho et des manipulations algorithmiques.

Dans le e-commerce, l'IA a révolutionné la façon dont les clients naviguent, achètent et bénéficient du service client. Des plateformes comme Amazon, Alibaba et eBay exploitent l'apprentissage automatique pour leurs moteurs de recherche de produits qui analysent l'historique de navigation, les habitudes d'achat et les statistiques démographiques. Ces structures anticipent les désirs des consommateurs et suggèrent des produits pertinents, stimulant ainsi les ventes et la satisfaction. Les chatbots et assistants numériques basés sur l'IA traitent les requêtes des clients 24h/24, réduisant ainsi les temps d'attente et améliorant l'accessibilité. La vision par ordinateur permet des fonctions de recherche visuelle: les utilisateurs peuvent ajouter des photos et trouver des articles correspondants ou comparables sans avoir à les décrire.

Les offres de streaming comme Netflix, Spotify, YouTube et HBO Max s'appuient fortement sur l'IA pour personnaliser les stories utilisateur. Les algorithmes de recommandation recommandent des pistes, des films et des suggestions en fonction des préférences et des habitudes de consommation des utilisateurs. Ces systèmes intègrent des techniques de filtrage collaboratif, d'acquisition de données approfondies et d'apprentissage par renforcement pour s'adapter au fil du temps. L'IA contribue également à la création et à l'optimisation de contenu, en générant des vignettes, en étiquetant les métadonnées et en analysant la fidélisation des spectateurs afin d'optimiser les stratégies de programmation.

L'IA joue un rôle croissant dans les finances personnelles et la banque numérique. Des applications comme Mint, PayPal, Revolut et les applications mobiles des banques traditionnelles utilisent l'IA pour catégoriser les transactions, détecter les activités frauduleuses et fournir des informations budgétaires. L'analyse prédictive aide les clients à gérer leurs liquidités, les alerte en cas de découvert et leur conseille sur des stratégies d'épargne. Les chatbots IA font office de conseillers financiers virtuels, fournissant assistance et conseils en temps réel, sans intervention humaine.

La navigation et les transports ont été transformés par l'IA grâce à l'optimisation des itinéraires en temps réel, à la modélisation prédictive du trafic et aux technologies de conduite autonome. Google Maps et Waze utilisent l'IA pour anticiper les conditions de circulation, proposer des itinéraires et estimer les heures d'arrivée avec une précision croissante. Les plateformes de covoiturage comme Uber et Lyft utilisent l'IA pour mettre en relation conducteurs et passagers, estimer les tarifs et optimiser la logistique de répartition. Dans les véhicules autonomes, l'IA intègre les données des capteurs, lidars, radars et caméras pour prendre des décisions d'utilisation en deux dimensions. Des entreprises comme Tesla, Waymo et Cruise repoussent les limites de la mobilité basée sur l'IA.

Dans l'univers des maisons connectées, l'IA joue le rôle d'orchestrateur du confort et de la performance. Les enceintes et écrans intelligents, comme Amazon Echo et Google Nest Hub, servent de centres de contrôle pour un environnement connecté d'appareils. L'IA permet de contrôler par commande vocale les luminaires, les thermostats, les serrures, les caméras et les appareils électroménagers. Les thermostats intelligents comme Nest analysent les habitudes familiales et ajustent la température en conséquence, optimisant ainsi la consommation d'énergie. Les caméras de sécurité pilotées par l'IA peuvent distinguer les humains, les animaux et les voitures, en envoyant des alertes personnalisées et en permettant la reconnaissance faciale.

Les programmes d'IA pour la santé s'implantent de plus en plus chez les patients grâce aux objets connectés et aux applications de suivi de santé. Des appareils comme l'Apple Watch, Fitbit et Oura Ring enregistrent des données telles que la fréquence cardiaque, les habitudes de sommeil, le taux d'oxygène dans le sang et le niveau d'activité. Ces appareils utilisent l'IA pour analyser les tendances, détecter les anomalies et fournir des recommandations de santé. Certains programmes alertent même les utilisateurs en cas d'arythmie ou recommandent des changements de comportement pour une meilleure hygiène de sommeil et une meilleure routine d'exercice. Des applications de santé mentale, comme Woebot ou Wysa, utilisent l'IA conversationnelle pour proposer un soutien émotionnel, des exercices de pleine conscience et des outils de thérapie comportementale.

L'éducation et l'apprentissage personnalisé ont également bénéficié de l'intégration de l'IA. Des plateformes comme Duolingo, Khan Academy et Coursera adaptent le contenu aux styles et rythmes d'apprentissage de chacun. L'IA évalue la progression des utilisateurs, identifie les points faibles et ajuste dynamiquement les niveaux de difficulté. Les applications d'apprentissage des langues utilisent le traitement naturel du langage et la reconnaissance vocale pour fournir des commentaires en temps réel. Dans les classes virtuelles, l'IA permet la participation à l'écran, l'automatisation de la notation et la recommandation de ressources complémentaires.

Les secteurs de la vente au détail et de la mode ont adopté l'IA pour créer des expériences d'achat plus interactives et personnalisées. Les salles de couture virtuelles utilisent la réalité augmentée et la vision par ordinateur pour permettre aux clients d'essayer des vêtements ou des accessoires. Les algorithmes d'IA anticipent les tendances de la mode, optimisent la gestion des stocks et permettent des techniques de tarification dynamique. Les robots et les bornes en magasin aident les clients, les guident vers les produits et gèrent les transactions. L'IA permet également d'optimiser la chaîne d'approvisionnement, de la prévision des besoins à l'automatisation des entrepôts.

Dans les arts créatifs, l'IA élargit la définition de l'artiste ou du créateur. Des applications comme DALL•E, RunwayML et Lumen5 permettent de générer des photos, des films et des animations avec un minimum de compétences techniques. Les musiciens utilisent des outils d'IA pour composer des mélodies, proposer des progressions d'accords et maîtriser des pistes. Les auteurs et les créateurs de contenu utilisent des modèles de langage génératif pour échanger des idées, rédiger du texte ou traduire du contenu dans différentes langues. Si ces outils enrichissent la créativité humaine, ils suscitent également des discussions sur l'originalité, la paternité et la nature de l'expression créative.

Le champ d'action de l'IA s'étend même à la communication et à la traduction quotidiennes. Les applications de traduction, comme Google Traduction et DeepL, utilisent l'IA pour fournir des traductions exactes et contextuelles en temps réel. Les outils de traduction et de transcription vocales en temps réel éliminent les barrières linguistiques lors des appels vidéo, des voyages et de la collaboration internationale. Les messageries électroniques comme Gmail et Outlook intègrent des fonctions de rédaction intelligentes, suggérant des termes complets en fonction du style d'écriture et du sujet de l'utilisateur.

Même les relations personnelles et le bien-être mental sont aujourd'hui influencés par l'IA. Des applications de rencontre comme Tinder, Bumble et Hinge utilisent l'apprentissage automatique pour identifier les utilisateurs en bonne santé en fonction de leurs données comportementales, de leurs préférences et de leurs habitudes de communication. L'IA peut vérifier la compatibilité et proposer des correspondances plus subtiles. Les compagnons numériques, qu'il s'agisse de chatbots, d'animaux de compagnie IA ou d'avatars sensibles aux émotions, sont utilisés par certaines personnes pour atténuer la solitude ou favoriser les interactions sociales.

Dans le domaine de l'électroménager, l'IA rend les appareils plus intelligents et plus autonomes. Les aspirateurs intelligents comme Roomba apprennent les plans de sol et régulent les habitudes de nettoyage. Les réfrigérateurs intelligents affichent les dates de péremption et recommandent des recettes. Les lave-linge et lave-vaisselle utilisent l'IA pour optimiser la consommation d'eau et le choix des cycles en fonction du type de charge. Ces innovations améliorent non seulement le confort, mais aussi la performance énergétique et la durabilité.

L'IA permet également l'identification et la protection virtuelles dans la vie quotidienne. La reconnaissance faciale est utilisée pour déverrouiller les téléphones, autoriser les paiements et contrôler l'accès aux installations sécurisées. Les structures biométriques basées sur les empreintes digitales, les scans rétiniens ou les enregistrements vocaux sont de plus en plus courantes dans la sphère client, offrant une sécurité accrue et une expérience utilisateur fluide. Les systèmes de détection des fraudes dans le secteur bancaire et le commerce électronique surveillent en permanence les comportements afin de détecter les anomalies et de protéger les utilisateurs des cybermenaces.

L'intégration de l'IA dans la vie quotidienne n'est pas toujours sans implications morales et sociales. À mesure que les structures d'IA prennent des décisions plus strictes pour leurs utilisateurs, des questions se posent concernant la confidentialité, les biais et le contrôle. De nombreux programmes d'IA collectent et analysent des quantités considérables de données personnelles, ce qui soulève des questions de surveillance et d'utilisation abusive des données. Les biais dans les données éducatives peuvent entraîner des conséquences discriminatoires, notamment dans des domaines tels que l'embauche, les prêts ou la reconnaissance faciale. À mesure que l'IA devient plus performante et autonome, le besoin de transparence, de responsabilité et d'autonomisation des utilisateurs augmente.

Malgré ces situations exigeantes, la simplicité, la performance et la personnalisation qu'apporte l'IA au quotidien sont indéniables. Ce qui nécessitait autrefois un travail humain, des compétences ou du temps peut désormais être réalisé par quelques commandes vocales ou quelques clics sur l'écran. L'IA augmente nos sens, étend nos capacités et modère nos interactions avec les mondes virtuel et physique. À mesure que la technologie évolue, sa présence dans les produits grand public est appelée à se renforcer, non seulement en réagissant à nos désirs, mais aussi en anticipant, en s'adaptant et en coévoluant avec nous, de manière à remodeler l'essence même de notre expérience quotidienne.

2.5. IA et préoccupations en matière de confidentialité

L'intégration massive de l'intelligence artificielle dans la société actuelle a profondément modifié la manière dont les données sont collectées, analysées et exploitées. De la reconnaissance faciale dans les espaces publics aux flux d'actualités organisés par des algorithmes, les systèmes d'IA exploitent d'énormes quantités de données personnelles: des informations révélant des schémas de comportement, des préférences, des identités et même des états émotionnels. Si ces capacités favorisent la personnalisation, la performance et l'innovation, elles soulèvent également de nombreuses questions de confidentialité, devenues cruciales dans les débats sur le déploiement éthique de l'IA. Alors que les systèmes d'IA interviennent de plus en plus dans les études de marché, l'opposition entre utilité et confidentialité est devenue l'un des enjeux majeurs de l'ère numérique.

Au cœur des enjeux de confidentialité de l'IA réside la dépendance à d'énormes ensembles de données. Les systèmes d'IA, notamment ceux basés sur l'acquisition de connaissances systémiques et approfondies, nécessitent d'énormes quantités d'informations pour fonctionner efficacement. Il s'agit notamment d'informations de base telles que les noms, les dates de naissance et les données financières, ainsi que d'informations non structurées telles que les photos, les e-mails, les enregistrements audio et les historiques de navigation. Souvent, ces informations sont collectées passivement ou sans le consentement explicite de l'utilisateur, ce qui soulève des questions cruciales de transparence, de propriété et de contrôle. Les individus ne comprennent souvent pas pleinement quelles informations sont collectées, comment elles sont utilisées ou qui y a accès.

L'utilisation de la reconnaissance faciale en est un exemple frappant. Gouvernements, entreprises et agences de sécurité ont déployé la reconnaissance faciale basée sur l'IA dans les aéroports, les grands magasins, les places publiques et même les universités. Si ces systèmes peuvent améliorer la sécurité et le confort, ils permettent également une surveillance de masse, souvent sans l'avis ou le consentement des personnes concernées. Dans certaines juridictions, les individus étaient suivis en temps réel, leurs actions enregistrées et analysées, créant une forme de surveillance biométrique que beaucoup associent à une érosion des libertés civiles. Les inquiétudes s'intensifient lorsque la reconnaissance faciale est déployée dans des contextes autoritaires ou utilisée de manière disproportionnée contre des entreprises marginalisées.

Un autre domaine de préoccupation majeur est le profilage et le micro-ciblage rendus possibles par l'IA. En lisant les empreintes virtuelles – notamment les historiques de recherche, les informations de localisation et les activités sur les réseaux sociaux – l'IA peut créer des profils psychologiques et comportementaux spécifiques des individus. Ces profils peuvent être utilisés pour le marketing personnalisé, le ciblage politique ou l'analyse des risques en politique et en finance. L'affaire Cambridge Analytica a révélé comment le profilage basé sur l'IA peut être exploité pour influencer les résultats politiques en ciblant les électeurs avec de la désinformation sur mesure. Ce type de manipulation, rendu possible par des algorithmes opaques, porte atteinte aux processus démocratiques et à l'autonomie individuelle.

Les systèmes d'IA augmentent également les inquiétudes concernant le stockage et la conservation des données. De nombreuses entreprises accumulent bien plus d'informations qu'elles n'en ont besoin, les stockant souvent indéfiniment dans des bases de données centralisées, souvent vulnérables aux violations. Même les données anonymisées peuvent souvent être réidentifiées lorsqu'elles sont combinées à d'autres ensembles de données, ce qui complique la garantie d'une confidentialité adéquate. De plus, les utilisateurs ont rarement un contrôle réel sur la manière dont leurs données sont conservées, leur durée et les finalités secondaires de leur réutilisation. Cela porte atteinte au principe de minimisation des données et expose les individus à des risques à long terme pour leur vie privée.

L'utilisation d'assistants vocaux et d'appareils intelligents illustre la capacité de l'IA à brouiller les frontières entre vie privée et vie publique. Des appareils comme Amazon Echo, Google Nest et Apple HomePod sont constamment à l'écoute des commandes d'activation, mais ont souvent été détectés comme enregistrant plus que prévu. Des conversations censées être privées ont été enregistrées par hasard, stockées sur des serveurs distants, voire consultées par des observateurs humains à des fins de « manipulation de première classe ». De tels incidents illustrent la facilité avec laquelle l'IA peut transformer des environnements domestiques en sites de surveillance, même sans intention malveillante.

L'analyse prédictive est un autre domaine où l'IA empiète sur la vie privée de manière diffuse mais efficace. Les algorithmes utilisés dans les domaines de la police, de la santé et de la finance prédisent souvent le comportement futur des individus, notamment le risque de commettre une infraction, de contracter une infection ou de faire défaut de paiement sur un prêt hypothécaire. Ces prédictions peuvent servir à prendre des décisions préventives qui influencent l'accès d'une personne à des services ou des opportunités. Lorsque ces systèmes reposent sur des statistiques biaisées ou fonctionnent sans transparence, ils peuvent renforcer les inégalités systémiques tout en échappant à l'examen public. De plus, les individus ignorent souvent qu'un tel profilage a lieu, et encore moins qu'il influence des décisions importantes de leur vie.

Le développement des technologies de reconnaissance des émotions et d'évaluation comportementale introduit une dimension plus intime d'atteinte à la vie privée. Les systèmes d'IA peuvent désormais analyser les expressions faciales, le ton de la voix, la posture et même les signaux physiologiques pour en déduire les états émotionnels. Si ces compétences sont utiles en santé mentale et en service client, elles risquent également d'être exploitées à des fins de surveillance, de marketing ou de surveillance du lieu de travail. Les employeurs pourraient utiliser l'IA pour analyser l'engagement émotionnel de leurs employés, ou les magasins pourraient ajuster leurs factures en fonction de l'humeur induite. De tels systèmes s'aventurent sur un terrain éthiquement ambigu, soulevant des questions de consentement, de dignité et d'autonomie psychologique.

La réaction internationale aux inquiétudes concernant la confidentialité de l'IA a été mitigée, mais de plus en plus affirmée. Dans l'Union européenne, le Règlement général sur la protection des données (RGPD) offre un cadre solide pour la confidentialité des données, mettant l'accent sur des normes telles que le consentement éclairé, le droit à l'oubli et la portabilité des données. Le RGPD restreint également la prise de décision automatisée et le profilage lorsque ces décisions affectent particulièrement les personnes. D'autres pays, comme le Canada, le Brésil et la Corée du Sud, ont mis en place ou développent une réglementation similaire. Cependant, dans les juridictions dépourvues de lois complètes sur la confidentialité, les pratiques des entreprises restent largement non réglementées, ce qui expose les personnes à des risques d'exploitation.

Même dans les pays dotés de lois strictes en matière de protection des données, leur application reste complexe. La complexité des systèmes d'IA complique l'évaluation de leur conformité, et les régulateurs manquent souvent des connaissances techniques ou des ressources nécessaires pour auditer efficacement les algorithmes. De plus, les entreprises peuvent masquer leurs pratiques par des termes de service complexes ou des algorithmes propriétaires. Il existe un besoin urgent de mécanismes garantissant la transparence algorithmique et une IA auditable, permettant aux utilisateurs et aux organismes de surveillance de comprendre comment les données sont utilisées et les décisions prises.

La confidentialité différentielle, l'apprentissage fédéré et l'apprentissage système préservant la confidentialité sont apparus comme des approches techniques pour atténuer certains de ces risques. La confidentialité différentielle ajoute du bruit mathématique aux ensembles de données afin d'empêcher la réidentification des utilisateurs tout en conservant les modèles de combinaison. L'apprentissage fédéré permet aux modèles d'IA d'apprendre sur des appareils décentralisés sans transférer de statistiques brutes vers un serveur central, préservant ainsi la communauté des données sensibles. Ces approches représentent des avancées prometteuses pour concilier innovation en IA et préservation de la confidentialité, même si elles ne sont pas encore largement suivies.

Malgré ces efforts, l'asymétrie de pouvoir entre les individus et les opérateurs d'IA demeure flagrante. La plupart des utilisateurs ne disposent pas des connaissances ni des outils nécessaires pour attribuer efficacement des séries de données ou influencer le comportement algorithmique. La protection de la vie privée repose souvent sur les individus, qui doivent naviguer dans des environnements complexes et des politiques opaques. Une approche plus équitable consisterait à intégrer la confidentialité dès la conception des systèmes d'IA, en intégrant les considérations de confidentialité à la structure, plutôt que de les traiter comme une considération secondaire ou facultative.

Un autre aspect des problèmes de confidentialité liés à l'IA est la montée en puissance des deepfakes et des médias synthétiques. L'IA peut générer des images, des voix et des vidéos hyperréalistes de personnes, souvent sans leur consentement. Ces outils peuvent être utilisés à des fins de satire et de créativité, mais aussi de diffamation, d'usurpation d'identité et de contenu personnel non consensuel. La frontière floue entre le vrai et le faux soulève de profondes inquiétudes quant à l'identité, la confiance et l'atteinte à la réputation, en particulier lorsque les médias synthétiques sont instrumentalisés dans des campagnes de désinformation ou des attaques personnelles.

Dans les environnements éducatifs, professionnels et publics, l'intégration de l'IA doit être soigneusement évaluée quant à son caractère invasif et aux mécanismes de consentement. La surveillance dans les écoles, l'évaluation algorithmique des étudiants, les systèmes biométriques de présence et les logiciels de suivi de la productivité renforcent tous les problèmes complexes d'autonomie, de transparence et de coercition. Dans de tels contextes, les individus peuvent ne pas avoir de préférence significative quant à la manière dont les systèmes d'IA interagissent avec eux, ce qui rend le consentement éclairé pratiquement impossible.

L'IA offre des avantages exceptionnels, mais sa dépendance aux données personnelles et à ses capacités prédictives présente de graves risques pour la vie privée qui nécessitent une attention immédiate. Ces risques ne sont pas seulement techniques ou juridiques: ils peuvent aussi être moraux et sociaux. À l'ère de l'IA, la protection de la vie privée exige plus qu'une mise à jour des réglementations; elle nécessite un changement culturel vers la dignité des données, la responsabilité algorithmique et l'autonomisation des individus. Si elle n'est pas maîtrisée, la prolifération de l'IA pourrait également banaliser la surveillance et la manipulation, transformant la société de manière à éroder la confiance, la liberté et la solidarité humaine. Mais avec une action planifiée, une gouvernance solide et une conception respectueuse de la vie privée, il est tout à fait possible de construire un avenir axé sur l'IA, respectueux des droits de l'homme et des valeurs démocratiques.

CHAPITRE 3

Technologie du futur: l'essor de l'IA

3.1. Les limites technologiques de l'IA

L'intelligence artificielle a connu des progrès remarquables
ces dernières années, mais elle se heurte encore à de
nombreuses limitations technologiques qui entravent son plein
potentiel. Ces obstacles vont des questions fondamentales liées
aux statistiques et au calcul à des problématiques plus vastes
telles que l'intelligence artificielle moderne, les questions
éthiques et l'explicabilité. Surmonter ces contraintes façonnera
l'avenir de l'IA et déterminera son rôle dans la société humaine.

L'une des principales limites de l'IA réside dans sa forte
dépendance à de grandes quantités de données. Les modèles
d'apprentissage automatique, notamment les structures
d'apprentissage profond, nécessitent de vastes ensembles de
données pour fonctionner efficacement. Cependant, la
fourniture, l'exactitude et l'équité de ces ensembles de données
demeurent des défis majeurs. Des données médiocres,
exceptionnelles ou biaisées peuvent conduire à des modèles
d'IA peu fiables, avec une discrimination plus forte ou des
résultats erronés. De plus, le processus de collecte et
d'étiquetage de grands ensembles de données est chronophage,
coûteux et pose souvent des problèmes de confidentialité.

Les structures d'IA actuelles appartiennent à la catégorie
des IA minces, ce qui signifie qu'elles sont spécialisées dans des
tâches spécifiques, mais dépourvues d'intelligence générale.

Contrairement à la cognition humaine, qui intègre la résolution de problèmes, la réflexion analytique, les émotions et l'instinct, les modèles d'IA fonctionnent selon des paramètres prédéfinis. Le développement de l'intelligence artificielle générale (IAG) – une machine capable de raisonner dans de multiples domaines comme un humain – reste un objectif lointain. L'IAG nécessiterait une avancée majeure dans la compréhension systémique des paradigmes, des neurosciences et des technologies cognitives.

du matériel hautes performances, notamment des GPU et des TPU, qui consomment énormément d'énergie. Cela soulève des questions de durabilité, car l'empreinte énergétique des structures d'IA à grande échelle continue de croître. Les chercheurs en IA explorent activement des algorithmes et des architectures matérielles plus écologiques, mais concilier développement de l'IA et impact environnemental reste un défi de taille.

Les modèles d'IA fonctionnent souvent comme des « boîtes noires », ce qui signifie que leurs méthodes de prise de décision sont difficiles à interpréter. Ce manque de transparence est particulièrement problématique dans des domaines importants comme la santé, la finance et le droit, où l'expertise et la justification des décisions prises par l'IA sont essentielles. Le thème de l'IA explicable (XAI) vise à surmonter cette difficulté en développant des méthodes permettant de rendre la prise de décision de l'IA plus interprétable et plus fiable. Cependant, l'explication complète de modèles complexes d'apprentissage profond reste un projet en cours.

L'adoption rapide de l'IA a engendré de nouveaux dilemmes moraux et risques pour la sécurité. Des technologies comme les deepfakes peuvent être utilisées pour diffuser des informations erronées et frauduleuses, tandis que les structures autosuffisantes renforcent les questions de responsabilité et d'équité. De plus, l'IA peut être utilisée comme arme pour des cyberattaques, la surveillance de masse et des programmes militaires. Garantir le développement éthique de l'IA exige des politiques strictes, des directives éthiques et une coopération internationale.

Malgré les progrès réalisés dans les domaines de l'art, de la musique et de la littérature générés par l'IA, celle-ci peine encore à développer une véritable créativité et une intelligence émotionnelle. Si elle peut imiter des schémas créatifs et générer du contenu inédit, elle ne possède pas la capacité intrinsèquement humaine de tirer sens, émotion et originalité des créations. De même, l'IA ne peut ressentir clairement les émotions ni établir de liens empathiques, ce qui limite son rôle dans les domaines qui nécessitent une interaction humaine profonde, comme la thérapie et le conseil.

Les obstacles technologiques de l'IA définissent ses capacités actuelles et son avenir. Alors que les chercheurs continuent de repousser les limites de l'IA, il sera crucial de surmonter les défis liés à la dépendance aux données, à l'intelligence artificielle, à la consommation d'énergie, à l'explicabilité, à l'éthique et à l'expertise émotionnelle. L'évolution de l'IA dépendra de la manière dont ces limites seront abordées, façonnant ainsi la relation entre humains et machines dans les années à venir.

3.2. Applications futures de l'IA

L'intelligence artificielle transforme rapidement divers secteurs, et ses programmes d'avenir promettent d'être encore plus révolutionnaires. À mesure que les technologies d'IA évoluent, elles devraient jouer un rôle essentiel dans les domaines de la santé, de l'éducation, des transports, du divertissement et des études médicales. La combinaison de la maîtrise des appareils, de l'apprentissage profond et de la robotique avancée donnera naissance à des innovations révolutionnaires, transformant la vie humaine et la société de manière inédite.

L'une des applications les plus prometteuses de l'IA réside dans le secteur de la santé. Les futurs systèmes basés sur l'IA seront capables de diagnostiquer les maladies avec une précision inégalée, de personnaliser les traitements en fonction des profils génétiques et d'anticiper les risques potentiels pour la santé avant qu'ils ne deviennent graves. Les équipements de diagnostic basés sur l'IA révolutionneront l'imagerie médicale, détectant les anomalies sur les radiographies, les IRM et les scanners plus rapidement et plus précisément que les radiologues.

De plus, l'IA devrait jouer un rôle important dans la chirurgie robotisée. Les robots chirurgicaux autonomes aideront, voire perfectionneront, les chirurgiens humains en réalisant des interventions complexes avec une précision extrême. Des médicaments personnalisés, basés sur l'analyse génétique pilotée par l'IA, permettront aux médecins d'adapter les traitements aux patients, maximisant ainsi leur efficacité tout en minimisant les effets secondaires. De plus, la découverte de médicaments basée sur l'IA accélérera le développement de nouveaux traitements grâce à l'analyse de données fiables et à la prédiction d'interactions médicamenteuses potentielles.

L'IA est sur le point de révolutionner l'éducation en permettant des expériences d'apprentissage personnalisées, adaptées aux besoins de chaque élève. L'apprentissage adaptatif des systèmes analysera les performances des élèves en temps réel, adaptant ainsi les plans de cours et les niveaux de difficulté. Les systèmes de tutorat basés sur l'IA fourniront des commentaires instantanés, aidant ainsi les élèves à mieux assimiler les concepts complexes.

À l'avenir, les enseignants virtuels et les chatbots alimentés par l'IA pourront dispenser des instructions interactives, rendant ainsi l'éducation plus accessible aux étudiants du monde entier, quelle que soit leur région. L'IA pourra même enrichir l'enseignement personnalisé, en offrant un accompagnement personnalisé aux élèves présentant des troubles de l'apprentissage, leur garantissant ainsi l'aide nécessaire pour atteindre leur plein potentiel.

Le secteur des transports est à l'aube d'une transformation induite par l'IA. Les voitures, camionnettes et drones autonomes devraient se généraliser, réduisant ainsi les accidents dus aux erreurs humaines et améliorant la performance des véhicules. L'IA permettra aux véhicules autonomes de se déplacer dans des environnements urbains complexes, d'interagir avec les piétons et d'optimiser les itinéraires en temps réel.

Au-delà des transports individuels, l'IA révolutionnera les systèmes de transport en commun. Les villes intelligentes associeront des structures de gestion des visiteurs pilotées par l'IA, optimisant ainsi la circulation des visiteurs, réduisant les embouteillages et les émissions. La logistique et la gestion de la chaîne d'approvisionnement, alimentées par l'IA, rationaliseront les réseaux de transport, garantissant une livraison des marchandises plus rapide et plus efficace.

L'IA est sur le point de redéfinir le secteur des loisirs en créant des expériences personnalisées pour les consommateurs. Les futurs algorithmes d'IA analyseront les préférences des consommateurs et généreront du contenu personnalisé, des films et des chansons aux jeux vidéo et aux récits interactifs. La musique, l'art et la littérature générés par l'IA deviendront plus avant-gardistes, générant des œuvres identiques à celles créées par les humains.

Les études de réalité virtuelle (RV) et de réalité augmentée (RA) pilotées par l'IA deviennent plus immersives, brouillant la frontière entre réalité et environnements virtuels. Les chatbots et assistants numériques alimentés par l'IA offriront des expériences de jeu particulièrement interactives, permettant aux joueurs d'interagir avec des personnages réalistes dotés de personnalités précises et de réactions adaptatives.

L'IA jouera un rôle essentiel dans la recherche médicale, accélérant les découvertes en physique, en chimie, en biologie et en exploration spatiale. Les simulations et la modélisation prédictive basées sur l'IA permettront aux scientifiques de vérifier leurs hypothèses plus efficacement, réduisant ainsi la durée et le coût des expériences.

En astronomie, l'IA analysera des quantités considérables d'enregistrements recueillis par les télescopes, aidant ainsi les scientifiques à percevoir les exoplanètes, à localiser les anomalies cosmiques et à percer les mystères de l'univers. L'IA contribuera également à la météorologie en modélisant les changements environnementaux, en prédisant les catastrophes naturelles et en optimisant les techniques d'atténuation des changements climatiques.

Les futurs programmes d'IA transformeront tous les aspects de la vie humaine, des soins de santé et de la formation aux transports, en passant par les loisirs et la découverte clinique. À mesure que les technologies d'IA évoluent, leur capacité à améliorer les performances, la créativité et la résolution de problèmes redéfinira les industries et la société. Cependant, ces progrès s'accompagnent de préoccupations morales, de préoccupations en matière de sécurité et de la nécessité d'un développement responsable de l'IA pour assurer un avenir meilleur à l'humanité.

3.3. Interaction entre l'humain et l'IA

L'interaction entre l'humain et l'intelligence artificielle devient de plus en plus complexe et profondément intégrée à la vie quotidienne. L'IA ne se limite plus aux laboratoires d'analyse ou aux programmes commerciaux; elle joue désormais un rôle important dans les assistants personnels, les soins de santé, la formation et même l'accompagnement affectif. À mesure que les structures d'IA deviennent de plus en plus sophistiquées, comprendre comment les humains interagissent avec ces machines intelligentes est crucial pour façonner l'avenir de la génération et de la société.

La manière dont les individus interagissent avec l'IA a considérablement évolué au fil du temps. Les premiers systèmes d'IA étaient fréquemment utilisés pour des tâches de calcul et d'automatisation, nécessitant des données spécialisées. Cependant, grâce aux progrès du traitement automatique du langage naturel (TALN) et de l'apprentissage automatique, l'IA est devenue plus intuitive et plus conviviale.

• Interaction basée sur les commandes: les premiers systèmes d'IA s'appuyaient sur des commandes basées sur des commandes, obligeant les utilisateurs à saisir des commandes uniques.

• Interfaces utilisateur graphiques (GUI): L'essor de l'informatique privée a fourni des interfaces graphiques qui ont permis aux utilisateurs d'interagir avec des structures pilotées par l'IA via des menus et des icônes.

• IA conversationnelle: les assistants IA modernes, ainsi que Siri, Alexa et Google Assistant, utilisent le traitement du langage naturel pour appréhender les instructions parlées ou écrites, rendant l'interaction de l'IA plus fluide.

• IA émotionnellement intelligente: les structures de l'IA du futur visent à comprendre et à répondre aux émotions humaines, permettant des interactions plus profondes et plus significatives.

L'IA se positionne de plus en plus comme un outil collaboratif, plutôt que comme un simple dispositif d'automatisation. Dans divers domaines, l'IA améliore les capacités humaines plutôt que de les remplacer.

• Dans le domaine de la santé: l'IA aide les médecins à diagnostiquer des maladies, à recommander des traitements ou même à pratiquer des interventions chirurgicales assistées par robot. Cependant, le savoir-faire humain reste essentiel pour la prise de décisions critiques et les considérations éthiques.

• En entreprise: L'analyse basée sur l'IA aide les organisations à prendre des décisions fondées sur des données, à optimiser leurs stratégies marketing et à anticiper les tendances du marché. Les humains apportent la créativité et la réflexion stratégique qui font défaut à l'IA.

• Dans les domaines créatifs: l'IA est de plus en plus utilisée pour créer des œuvres d'art, composer de la musique et écrire des ouvrages littéraires. Cependant, l'intervention humaine est essentielle pour ajouter de la profondeur émotionnelle, de l'originalité et de la pertinence culturelle aux contenus générés par l'IA.

L'avenir de la collaboration homme-IA comprendra probablement une intelligence hybride, dans laquelle l'IA complète les capacités cognitives humaines au lieu de les remplacer.

À mesure que les structures d'IA se perfectionnent, elles pourraient commencer à interagir avec les humains sur les plans social et émotionnel. Des chatbots et des compagnons numériques alimentés par l'IA sont conçus pour apporter un soutien émotionnel, accompagner les personnes âgées dans leurs thérapies de santé mentale et leur offrir un accompagnement.

• L'IA dans la santé mentale: les chatbots basés sur l'IA comme Woebot et Replika proposent une thérapie conversationnelle, offrant une assistance mentale aux utilisateurs souffrant de stress, d'anxiété ou de solitude.

• Compagnonnage IA: des robots sociaux comme Paro (un robot phoque) et Pepper (un robot humanoïde) sont utilisés dans les établissements de soins pour personnes âgées pour offrir de la compagnie et réduire le sentiment d'isolement.

• L'IA dans le service client: les détaillants qui utilisent l'IA pour leur service client améliorent l'expérience utilisateur en proposant des réponses instantanées et des conseils personnalisés.

Cependant, des problèmes éthiques se posent concernant la capacité de l'IA à manipuler les émotions, à envahir la vie privée et à créer des dépendances dangereuses à la compagnie synthétique.

Malgré les avantages de l'interaction homme-IA, plusieurs défis et problèmes moraux doivent être relevés.

• Biais dans la prise de décision de l'IA: les systèmes d'IA formés sur des ensembles de données biaisés pourraient également engendrer des préjugés sociaux et des discriminations plus forts, conduisant à des effets injustes.

• Préoccupations en matière de confidentialité: les appareils alimentés par l'IA collectent d'énormes quantités de données personnelles, ce qui suscite des inquiétudes quant à la surveillance et à la protection des données.

• Dépendance à l'IA: Une dépendance excessive à l'IA peut entraîner une diminution des compétences humaines importantes en matière de réflexion et un déplacement d'activité dans certains secteurs.

• Confiance et transparence: les systèmes d'IA doivent être explicables et transparents pour obtenir l'accord du public et garantir le respect des devoirs dans la prise de décision.

L'interaction entre l'humain et l'IA façonne l'avenir de l'ère, de la société et de la culture. Si l'IA complète les capacités humaines et offre une aide précieuse, les préoccupations éthiques doivent être soigneusement contrôlées afin de garantir un développement responsable. L'objectif n'est pas de moderniser l'intelligence humaine, mais de créer des structures d'IA qui fonctionnent aux côtés des humains, améliorant ainsi leur créativité, leur efficacité et leur bien-être général. À mesure que l'IA évolue, maintenir un équilibre entre développement technologique et responsabilité morale est essentiel pour un avenir harmonieux.

3.4. Le rôle de l'informatique quantique dans le développement de l'IA

L'informatique quantique représente l'une des frontières technologiques les plus transformatrices du XXIe siècle, promettant de révolutionner le paysage de l'intelligence artificielle (IA) en introduisant des paradigmes de calcul totalement inédits. Alors que les ordinateurs traditionnels s'appuient sur des bits binaires (0 et 1) pour effectuer leurs calculs, les ordinateurs quantiques utilisent des bits quantiques, ou qubits, qui exploitent les concepts de superposition et d'intrication pour traiter les données de manière essentiellement unique. Cela permet aux ordinateurs quantiques de résoudre certains problèmes exponentiellement plus rapidement que leurs homologues classiques, ouvrant potentiellement la voie à une nouvelle génération de systèmes d'IA hyper-verts. L'intersection de l'informatique quantique et de l'IA constitue un axe d'innovation crucial, appelé à redéfinir l'apprentissage automatique, l'optimisation, le traitement des données et les limites de performance des systèmes intelligents.

L'un des principaux défis du développement de l'IA traditionnelle réside dans l'intensité de calcul nécessaire à la formation de modèles sophistiqués. Les algorithmes d'apprentissage profond, en particulier, nécessitent d'importantes quantités de données et un temps d'apprentissage important, nécessitant souvent des GPU performants et une infrastructure cloud conséquente. L'informatique quantique permet d'améliorer considérablement ces méthodes. Le parallélisme quantique permet l'exploration simultanée de plusieurs solutions, réduisant ainsi le temps nécessaire à l'apprentissage et à l'inférence des modèles. Des algorithmes tels que l'algorithme d'optimisation approximative quantique (QAOA) et les machines à vecteurs de support quantiques

(MVS) sont des indicateurs précoces de l'adaptation de la mécanique quantique aux tâches spécifiques à l'IA. Ces algorithmes promettent une gestion plus efficace des données de grande dimension et remplaceront ou compléteront à terme les méthodes traditionnelles d'apprentissage automatique.

Un autre domaine où l'informatique quantique devrait avoir un impact significatif est celui des processus d'optimisation, essentiels à de nombreuses applications d'IA. Les problèmes d'optimisation, tels que la planification, la logistique, la gestion de portefeuille et le réglage des réseaux neuronaux, impliquent souvent l'exploration d'espaces de solutions substantiels. Les techniques classiques, comme la descente de gradient ou la recherche par force brute, sont chronophages et produisent parfois des résultats sous-optimaux. Le recuit quantique et les algorithmes quantiques basés sur les portes permettent de résoudre ces problèmes plus efficacement en explorant simultanément de nombreuses solutions et en identifiant des optima globaux plutôt qu'en se contentant d' optima locaux. Cela pourrait être révolutionnaire pour les systèmes d'IA devant prendre des décisions en temps réel sous des contraintes complexes, comme les véhicules autonomes ou les systèmes robotiques fonctionnant dans des environnements dynamiques.

L'apprentissage quantique plus puissant (QML) est un autre domaine émergent qui étudie comment les systèmes quantiques peuvent effectuer des tâches d'apprentissage plus efficacement que les systèmes classiques. Des modèles hybrides quantiques-classiques sont développés pour combiner la qualité des deux mondes, utilisant des processeurs quantiques pour traiter des sous-programmes coûteux en calcul, tout en laissant le reste aux ordinateurs classiques. Ces structures hybrides sont particulièrement prometteuses dans le contexte des systèmes quantiques à échelle intermédiaire bruyants (NISQ), qui, bien que non encore tolérants aux pannes, sont déjà capables d'exécuter certains types d'algorithmes quantiques. Les classificateurs quantiques variationnels (VQC) et les réseaux de neurones quantiques (QNN) sont des exemples de la manière dont les structures quantiques peuvent être intégrées aux flux de travail d'apprentissage, conduisant potentiellement à une convergence plus rapide et à une meilleure généralisation dans des tâches telles que la reconnaissance de modèles, la détection d'anomalies et le traitement du langage naturel.

De plus, la nature probabiliste de l'informatique quantique s'harmonise parfaitement avec les techniques bayésiennes en IA, qui traitent de l'incertitude et de l'inférence. Les algorithmes quantiques peuvent offrir un échantillonnage plus efficace à partir de distributions de probabilités complexes, une tâche coûteuse en termes de calcul pour les structures classiques. Cela pourrait être particulièrement bénéfique pour les modèles graphiques probabilistes et les structures d'IA génératives telles que les GAN et les autoencodeurs variationnels. Un échantillonnage quantique plus performant pourrait permettre à ces modèles d'apprendre à partir de statistiques éparses ou de mieux saisir les subtilités des distributions du monde réel, rendant ainsi les systèmes d'IA plus robustes et capables de nuancer les données.

Malgré ses promesses, l'intégration de l'informatique quantique à l'IA n'en est qu'à ses balbutiements. Les ordinateurs quantiques actuels sont limités par l'utilisation de qubits, de quorums d'erreur et de décohérence, qui limitent leur applicabilité. Cependant, les investissements considérables des gouvernements, des instituts de recherche et des entreprises privées laissent présager un développement rapide. Des entreprises comme IBM, Google, Rigetti et D-Wave s'efforcent de développer des processeurs quantiques plus robustes et évolutifs. Parallèlement, des frameworks logiciels tels que Qiskit, Cirq et PennyLane fournissent aux chercheurs des outils pour tester des algorithmes quantiques et les intégrer dans des pipelines d'IA. À mesure que le matériel gagne en maturité et que les écosystèmes logiciels évoluent, les limites d'accès au développement de l'IA quantique pourraient s'atténuer, ouvrant ainsi ce domaine à un plus large éventail d'innovateurs.

À long terme, l'informatique quantique pourrait également favoriser des formes d'IA entièrement nouvelles, transcendant les paradigmes contemporains. Des concepts tels que la cognition et la décision quantiques suggèrent que la pensée humaine pourrait posséder des propriétés intrinsèques de type quantique, notamment la contextualité et l'intrication dans les états de perception. Si ces théories se confirment, les ordinateurs quantiques pourraient être particulièrement adaptés à la simulation et à la modélisation d'une intelligence de type humain. De plus, à mesure que les systèmes d'IA gagneront en complexité et en autonomie, leur besoin d'acquérir efficacement des connaissances et de raisonner dans des conditions d'incertitude augmentera – précisément le type de tâches dans lesquelles les systèmes plus quantiques pourraient exceller.

L'informatique quantique a le potentiel d'accélérer et de transformer considérablement le développement de l'intelligence artificielle. Des temps d'apprentissage plus rapides et d'optimisation améliorée aux modèles génératifs plus performants et aux nouveaux paradigmes d'apprentissage automatique, la synergie entre l'informatique quantique et l'IA promet de surmonter certains des obstacles qui entravent les systèmes modernes. Si de nombreux obstacles techniques et théoriques subsistent, la convergence de ces deux domaines pourrait marquer un tournant dans l'évolution des machines intelligentes, conduisant à des avancées jusqu'alors considérées comme inaccessibles par l'informatique classique seule. À mesure que nous nous rapprochons d'une suprématie quantique réelle, l'avenir de l'IA pourrait ne plus reposer uniquement sur des algorithmes et des données, mais sur les lois uniques et efficaces de la mécanique quantique.

3.5. L'IA dans la découverte et la recherche scientifiques

L'intelligence artificielle s'est imposée comme une force transformatrice dans le domaine de la découverte et de la recherche médicales, accélérant le rythme d'acquisition des nouvelles connaissances et améliorant la précision des investigations expérimentales et théoriques. De l'interprétation des structures des protéines à la simulation de phénomènes cosmiques, l'IA révolutionne la technique scientifique en fournissant des outils capables d'analyser, d'adapter et de détecter des modèles bien au-delà des capacités cognitives humaines.

L'un des impacts les plus récents de l'IA sur les technologies se situe dans le domaine des études biomédicales. AlphaFold de DeepMind, par exemple, a anticipé avec succès les structures 3D des protéines avec une précision inégalée, concrétisant ainsi un projet d'envergure historique en biologie. La capacité à prédire le repliement des protéines par calcul réduit non seulement le temps et le coût des expériences en laboratoire, mais ouvre également de nouvelles perspectives pour la découverte de médicaments, la conception d'enzymes et la biologie artificielle. Les méthodes traditionnelles d'essais-erreurs, qui pouvaient prendre des années, peuvent désormais être accélérées grâce à des modèles pilotés par l'IA, qui identifient les composés potentiellement candidats à la guérison en quelques jours ou semaines.

Dans le domaine des technologies des matériaux, les algorithmes d'IA permettent d'anticiper les propriétés des nouvelles substances avant leur synthèse. Ceci est particulièrement utile dans des domaines comme la technologie des batteries, où les chercheurs utilisent l'apprentissage automatique pour découvrir de nouveaux composés d'électrodes ou des électrolytes solides aux performances et à l'équilibre améliorés. L'Initiative Génome des Matériaux, soutenue par plusieurs gouvernements et institutions, exploite l'IA pour corréler les capacités atomiques aux propriétés macroscopiques des matériaux, réduisant ainsi considérablement le temps nécessaire à la recherche et au déploiement de nouveaux matériaux.

Les technologies climatiques et la modélisation environnementale ont également été considérablement enrichies par l'IA. Les modèles complexes simulant les tendances climatiques mondiales, la chimie atmosphérique et les courants océaniques nécessitent d'importantes ressources de calcul et des équipements d'analyse sophistiqués. L'IA optimise ces modèles en améliorant la précision prédictive et en permettant l'assimilation des données en temps réel. Par exemple, les modèles d'IA peuvent prédire des événements climatiques extrêmes ou analyser des images satellite pour montrer la déforestation et le recul des glaciers. Ces outils contribuent non seulement à la compréhension scientifique, mais éclairent également les décisions politiques en matière de gestion et d'atténuation des changements climatiques.

En astrophysique et en cosmologie, l'IA est utilisée pour analyser de vastes ensembles de données générés par des télescopes, terrestres et spatiaux. Des projets comme le Sloan Digital Sky Survey et le futur observatoire Vera C. Rubin produisent des téraoctets de données basées sur la nuit, ce qui serait impossible à traiter manuellement. Les structures d'IA peuvent classer les galaxies, identifier les exoplanètes, détecter des phénomènes brefs comme les supernovae et même contribuer à la détection des ondes gravitationnelles. Les algorithmes d'apprentissage automatique sont capables de repérer des tendances subtiles dans des statistiques bruitées, permettant ainsi des découvertes qui pourraient autrement passer inaperçues.

De plus, l'IA révolutionne la conception et la réalisation d'expériences médicales. L'automatisation des laboratoires, grâce à l'IA, permet de créer des laboratoires autonomes capables de formuler des hypothèses, de concevoir des expériences, de réaliser des tests et d'en analyser les résultats avec une intervention humaine minimale. Ces systèmes d'études indépendants parcourent les cycles expérimentaux beaucoup plus rapidement que les humains, affinant les modèles et les résultats à chaque cycle. Par exemple, des robots chimistes guidés par l'IA peuvent tester des centaines de réactions chimiques simultanément, apprenant de chaque résultat pour guider l'étape suivante.

En neurosciences et en sciences cognitives, les modèles d'IA stimulés par des réseaux neuronaux humains servent à la fois à simuler les caractéristiques du cerveau et à analyser des données complexes de neuroimagerie. Cette alternance bidirectionnelle – où la biologie informe l'IA et où l'IA décrypte la biologie – crée une boucle de rétroaction qui fait progresser les deux disciplines. Les chercheurs utilisent des connaissances approfondies pour cartographier les activités cérébrales, identifier les troubles neuronaux et même interpréter les schémas associés à la mémoire, aux émotions et aux croyances.

L'IA joue également un rôle important en génomique et en biologie structurale, où d'importantes quantités de statistiques génomiques, transcriptomiques et protéomiques doivent être interprétées pour comprendre les lois génétiques, les mécanismes pathologiques et la dynamique évolutive. L'acquisition de connaissances par les machines permet de découvrir des biomarqueurs de maladies, de prédire les prédispositions génétiques et de modéliser les interactions complexes au sein des structures biologiques. Cela contribue à la médecine de précision, où les traitements peuvent être adaptés aux profils génétiques individuels.

En sciences sociales, des outils de traitement du langage naturel basés sur l'IA sont utilisés pour analyser des textes historiques, des réponses à des enquêtes et des données comportementales massives. Ces techniques permettent aux chercheurs d'identifier des caractéristiques du comportement, des sentiments et des modes de vie humains jusqu'alors inaccessibles. L'IA permet de simuler des structures économiques, de modéliser des réseaux sociaux et d'analyser en temps réel l' opinion publique mondiale à partir de statistiques issues des médias sociaux et des ressources informationnelles.

Ces progrès suscitent des préoccupations éthiques croissantes. Le recours croissant à l'IA dans la recherche accroît les problèmes de transparence, de biais et de reproductibilité. Il existe un besoin urgent de modèles d'IA explicables qui non seulement fournissent des prédictions précises, mais permettent également de comprendre le raisonnement qui les sous-tend. Les projets technologiques ouverts et la collaboration interdisciplinaire sont essentiels pour garantir que les outils d'IA soient disponibles, interprétables et déployés de manière éthique.

L'intégration de l'IA à la découverte scientifique représente non seulement un nouvel ensemble d'outils, mais aussi un changement de paradigme dans la façon dont la technologie est mise en œuvre. Elle enrichit l'intuition humaine d'une précision informatique, permet l'exploration à des échelles jusqu'alors impossibles et accélère la traduction des données en logiciels. En s'adaptant constamment, l'IA possède la capacité de résoudre certains des mystères les plus profonds de la nature, des origines de l'existence à la destinée de l'univers, favorisant ainsi une nouvelle génération de lumières alimentée par des machines intelligentes.

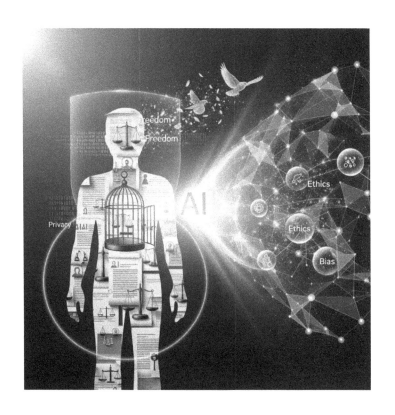

CHAPITRE 4

L'IA et les droits de l'homme

4.1. Intelligence artificielle et questions éthiques

L'introduction de l'intelligence artificielle (IA) soulève de profonds défis moraux qui touchent diverses dimensions de la société, de l'époque et de la gouvernance. À mesure que les systèmes d'IA s'intègrent de plus en plus à la vie quotidienne, les inquiétudes quant à leurs implications éthiques se multiplient. Ces problèmes ne se limitent pas au domaine théorique, mais ont des répercussions concrètes à l'échelle internationale, touchant à la vie privée, à la prise de décision, à la justice et aux droits humains. Comprendre ces enjeux éthiques est essentiel pour envisager l'avenir de l'IA tout en veillant à ce qu'elle serve l'humanité de manière responsable et juste.

L'un des principaux enjeux éthiques liés à l'IA est la question de la responsabilité. Lorsque les systèmes d'IA prennent des décisions – que ce soit dans le domaine de la santé, de la justice pénale ou de la finance – qui est tenu responsable des résultats ? Si un système d'IA fait un mauvais choix entraînant un préjudice, déterminer la responsabilité juridique devient complexe. Le créateur de l'ensemble des règles est-il responsable, ou l'IA elle-même ? Ces questions remettent en question les notions conventionnelles d'obligation et nécessitent l'élaboration de nouveaux cadres juridiques capables de prendre en compte les caractéristiques précises de l'IA.

Un autre problème moral crucial est la transparence. De nombreux systèmes d'IA, notamment ceux basés entièrement sur l'apprentissage automatique, fonctionnent comme des « boîtes noires », ce qui signifie que leurs processus décisionnels ne sont pas facilement compris, même par leurs créateurs. Cette opacité accroît les inquiétudes quant à l'équité et aux préjugés. Les algorithmes d'IA peuvent également perpétuer involontairement des préjugés sociétaux existants, tels que ceux liés à l'origine ethnique, au sexe ou à la situation socio-économique, s'ils sont basés sur des statistiques biaisées. Ces préjugés peuvent entraîner des effets discriminatoires, notamment dans des domaines comme l'embauche, le crédit et l'application de la loi. Il est essentiel de garantir que les systèmes d'IA soient clairs, explicables et vérifiables afin de garantir leur utilisation équitable et juste.

Par ailleurs, la capacité de l'IA à former des travailleurs humains dans de nombreux secteurs pose d'importants problèmes éthiques liés au chômage et aux inégalités économiques. L'automatisation des tâches traditionnellement effectuées par des humains par les systèmes d'IA pourrait entraîner la suppression de millions d'emplois, notamment dans des secteurs comme l'industrie manufacturière, la vente au détail et les transports. Si l'IA peut également accélérer la performance et générer des économies de coûts, elle peut également exacerber les inégalités de richesse si les personnes qui possèdent et contrôlent les technologies d'IA bénéficient de manière disproportionnée de ses gains. Les préoccupations éthiques concernant la répartition des richesses et la responsabilité des entreprises et des gouvernements dans la lutte contre les suppressions d'emplois et la reconversion professionnelle sont essentielles pour atténuer les effets négatifs de l'IA sur la société.

La confidentialité est une autre difficulté morale cruciale dans le domaine de l'IA. Les technologies d'IA, en particulier celles relatives aux données, Les séries et la surveillance présentent des risques considérables pour la vie privée des individus. Les systèmes d'IA sont capables de collecter des quantités considérables de données personnelles issues d'activités en ligne, des réseaux sociaux, voire de l'environnement physique, souvent sans le consentement explicite des individus. L'utilisation de l'IA à des fins de surveillance, que ce soit par les gouvernements ou par des agences privées, suscite des inquiétudes quant à l'érosion de la vie privée et aux risques d'abus de pouvoir. Trouver un équilibre entre le besoin d' innovations fondées sur les données et la protection des droits des personnes constitue un dilemme éthique crucial qu'il convient de résoudre avec prudence.

L'intersection de l'IA et de l'autonomie humaine constitue également un enjeu moral majeur. La capacité de l'IA à prendre des décisions de manière autonome, notamment dans des situations de vie et de mort (notamment dans le cas des voitures autonomes ou des systèmes d'armes autonomes), soulève des questions essentielles quant au rôle de l'action humaine dans la prise de décision. Les systèmes d'IA devraient-ils être autorisés à prendre des décisions ayant un impact sur la vie humaine ? Si oui, quels principes moraux doivent régir ces décisions ? Le débat sur les armes autosuffisantes, par exemple, soulève des questions de devoir moral et la menace d'une guerre déshumanisante. À mesure que l'IA évolue, il est essentiel d'établir des limites éthiques qui privilégient le bien-être et la dignité humains.

Enfin, la capacité de l'IA à surpasser l'intelligence humaine – essentielle au développement de systèmes superintelligents – engendre des risques existentiels. Si l'IA surpasse les capacités cognitives humaines, elle peut élargir ses propres objectifs et programmes, qui ne correspondent plus aux loisirs humains. L'idée de « singularité », où l'IA devient si supérieure qu'elle ne peut être contrôlée par l'homme, soulève de profondes questions éthiques quant à l'avenir de l'humanité. Comment garantir que le développement de l'IA reste en phase avec les valeurs humaines et que les structures d'IA supérieures évoluent de manière responsable et appropriée ?

Répondre à ces enjeux moraux exige une collaboration interdisciplinaire entre éthiciens, technologues, décideurs politiques et le grand public. Il est essentiel d'élaborer des cadres et des règles qui guident le développement et le déploiement responsables des technologies d'IA. Les questions éthiques doivent être intégrées dès le départ aux stratégies de conception et d'amélioration, afin de garantir que les systèmes d'IA soient construits avec équité, responsabilité, transparence et respect de la dignité humaine.

À mesure que l'IA continue de progresser, les situations moralement exigeantes qu'elle pose ne feront que se complexifier. Cependant, en s'attaquant proactivement à ces problèmes, la société peut façonner l'avenir de l'IA de manière à maximiser ses bénéfices tout en minimisant ses risques. En fin de compte, l'utilisation éthique de l'IA reposera sur notre capacité collective à concilier innovation et responsabilité, en veillant à ce que l'IA serve l'humanité et défende les valeurs qui fondent notre société.

4.2. Questions juridiques et réglementations

L'essor de l'intelligence artificielle (IA) s'accompagne de nombreux défis juridiques qui nécessitent l'élaboration de nouveaux cadres et de nouvelles règles. Ces situations complexes touchent de nombreux secteurs et englobent des problématiques liées à la propriété intellectuelle, à la responsabilité, à la vie privée et à la réglementation des systèmes d'IA. Alors que l'IA continue de s'infiltrer dans certains secteurs de la société, les structures judiciaires locales doivent s'adapter pour garantir une utilisation éthique, appropriée et conforme aux droits humains.

L'un des problèmes criminels les plus urgents est celui de la responsabilité. Les structures d'IA, principalement des personnes capables de prendre des décisions autonomes, peuvent créer des situations où il est difficile de déterminer qui doit être tenu responsable des dommages ou préjudices causés par ces systèmes. Par exemple, si une voiture autonome était impliquée dans un accident, qui serait responsable ? Le constructeur du véhicule, les développeurs du système d'IA ou le propriétaire du véhicule ? Les cadres juridiques traditionnels sont mal préparés pour traiter ce type de questions, d'où la demande croissante de lois clarifiant les responsabilités et les obligations dans le contexte des incidents liés à l'IA. Ces lois doivent traiter non seulement de la responsabilité immédiate, mais aussi des implications plus larges des décisions prises par l'IA, notamment le risque de dommages systémiques dans des secteurs comme la finance ou la santé.

Les biens intellectuels constituent un autre domaine d'intérêt majeur pour les criminels. Les technologies d'IA progressent rapidement, ce qui soulève des questions quant à la propriété intellectuelle des œuvres ou inventions créées par l'IA. Par exemple, si un dispositif d'IA développe un nouveau médicament ou crée une œuvre d'art, à qui appartiennent les droits de propriété intellectuelle sur ces créations ? Doit-on être les développeurs de l'IA, l'entreprise propriétaire de l'IA ou l'IA elle-même ? Ces questions remettent en question les lois existantes sur la propriété intellectuelle, conçues en pensant aux créateurs humains, et un débat se développe quant à savoir si les œuvres générées par l'IA doivent être protégées par les lois modernes ou si de nouvelles lois sont nécessaires pour faire face à ces nouvelles situations.

Outre les biens intellectuels, la confidentialité des données constitue un autre problème majeur. Les systèmes d'IA s'appuient souvent sur de grandes quantités de données pour fonctionner efficacement, mais ces données peuvent également contenir des données personnelles sensibles. L'utilisation de données personnelles sans garanties adéquates peut entraîner d'importantes violations de la vie privée, et à mesure que les systèmes d'IA se généralisent, le risque d' utilisation abusive des données augmente. Des cadres juridiques tels que le Règlement général sur la protection des données (RGPD) de l'Union européenne ont déjà introduit des mesures visant à protéger les données personnelles, mais ces réglementations pourraient devoir être adaptées et renforcées pour répondre aux exigences spécifiques posées par l'IA. Il s'agit notamment de garantir que les individus ont le contrôle de leurs données personnelles, que les systèmes d'IA sont transparents sur la manière dont les données sont collectées et utilisées, et que la sécurité des données est intégrée dès le départ aux systèmes d'IA.

La capacité de surveillance de l'IA soulève également d'importantes questions juridiques, notamment en ce qui concerne l'équilibre entre sécurité et vie privée. Les gouvernements comme les entreprises privées ont de plus en plus recours à l'IA pour contrôler les individus, des systèmes de reconnaissance faciale dans les espaces publics aux outils d'exploration de données qui analysent les activités sur les réseaux sociaux. Si ces technologies peuvent être utilisées à des fins de sécurité, elles présentent également de graves risques pour les libertés civiles. La mission pénale consiste à créer des règles permettant l'utilisation de l'IA à des fins de surveillance, tout en préservant les droits de la personnalité et en prévenant les abus. Ceci est particulièrement crucial dans le contexte des régimes autoritaires, où la surveillance induite par l'IA peut servir à réprimer la dissidence et à étouffer la liberté d'expression.

Par ailleurs, la discrimination et les préjugés dans les systèmes d'IA suscitent d'importantes préoccupations en matière de droit pénal. Les algorithmes d'IA sont régulièrement formés à partir de statistiques reflétant les préjugés sociétaux et peuvent ainsi perpétuer, voire exacerber, les discriminations dans des domaines tels que l'embauche, le crédit et le maintien de l'ordre. Par exemple, les systèmes d'IA utilisés pour l'embauche peuvent favoriser involontairement certains groupes démographiques par rapport à d'autres, ou les outils de police prédictive peuvent cibler de manière disproportionnée les minorités. Les structures juridiques doivent donc prendre en compte le potentiel de discrimination des systèmes d'IA et veiller à ce que des réglementations soient en place pour empêcher ces préjugés d'influencer les processus décisionnels. Cela peut également impliquer l'élaboration de lignes directrices pour une utilisation éthique de l'IA, l'obligation d'audits réguliers des structures d'IA afin de détecter les préjugés et la mise en place de garanties juridiques pour garantir l'équité et la justice.

Par ailleurs, le paysage juridique entourant la gouvernance de l'IA n'en est qu'à ses balbutiements, et la coopération internationale est essentielle pour élaborer des règles internationales cohérentes. Différents pays disposent de procédures législatives spécifiques en matière d'IA, ce qui crée des situations complexes pour les multinationales. Par exemple, alors que l'Union européenne a joué un rôle moteur dans la réglementation de l'IA avec sa proposition de loi sur l'IA, d'autres pays comme les États-Unis et la Chine ont adopté des approches plus fragmentées. L'absence de consensus mondial sur la législation relative à l'IA pourrait entraîner des incohérences dans le développement, le déploiement et le suivi de cette technologie. Par conséquent, la coopération internationale est essentielle pour établir des normes et des pratiques exemplaires communes en matière de gouvernance de l'IA, garantissant ainsi une utilisation efficace et responsable de l'IA au-delà des frontières.

Parallèlement, le rythme de l'innovation technologique fait que les réglementations sont souvent en retard sur les tendances de l'IA. Le temps que des lois soient adoptées pour répondre à un ensemble de défis, de nouveaux problèmes peuvent déjà apparaître. Cela crée un environnement juridique dynamique et évolutif dans lequel législateurs, technologues et éthiciens doivent collaborer étroitement pour anticiper les situations exigeantes en matière de droit de l'information et développer des cadres réglementaires adaptatifs. Il est essentiel que les réglementations ne se contentent pas de répondre aux problèmes actuels, mais offrent également la flexibilité nécessaire pour intégrer les tendances futures de l'IA.

Enfin, il pourrait être nécessaire d'adopter une législation qui favorise l'innovation tout en garantissant la protection et les exigences éthiques. Une réglementation excessive devrait freiner le développement technologique, tandis qu'une réglementation insuffisante pourrait avoir des conséquences néfastes. Trouver le juste équilibre entre ces deux aspects est un défi crucial pour les législateurs et les régulateurs. Cela nécessite un dialogue permanent entre toutes les parties prenantes, notamment le public, les développeurs d'IA, les professionnels de la justice et les décideurs politiques, afin de garantir que les technologies d'IA évoluent et soient utilisées de manière bénéfique pour la société dans son ensemble.

À mesure que l'IA évolue, le paysage pénal devra évoluer avec elle. De nouvelles lois et réglementations doivent être élaborées pour répondre aux exigences spécifiques posées par l'IA, en veillant à ce que cette technologie soit utilisée de manière éthique, responsable et respectueuse des droits humains. Parallèlement, un effort concerté est nécessaire pour encourager l'innovation et soutenir le développement d'une technologie d'IA bénéfique pour la société, tout en mettant fin à l'utilisation abusive de ces puissants outils. Grâce à des cadres pénaux réfléchis et proactifs, nous veillerons à ce que l'IA soit une force de bien et contribue indéniablement à l'avenir de l'humanité.

4.3. Intelligence artificielle et liberté

La relation entre l'intelligence artificielle (IA) et la liberté est une question complexe et multiforme qui soulève d'importantes questions sur la nature de l'autonomie, les droits individuels et la place de la génération dans la société. À mesure que les systèmes d'IA s'intègrent davantage à notre quotidien, leur impact sur les libertés individuelles, la vie privée et, plus largement, la notion sociétale de liberté est de plus en plus important. Cette interaction entre l'IA et la liberté n'est pas seulement une question de progrès technologique, mais aussi de considérations éthiques, philosophiques et juridiques visant à façonner l'avenir de l'humanité.

L'un des principaux enjeux du débat sur l'IA et la liberté réside dans son potentiel à embellir ou à limiter l'autonomie personnelle. D'un côté, l'IA a le potentiel d'accroître sensiblement la liberté personnelle en automatisant les tâches, en proposant des services personnalisés et en permettant aux individus de se concentrer sur des activités plus significatives ou innovantes. Par exemple, les systèmes basés sur l'IA peuvent optimiser les procédures de travail, faciliter les diagnostics médicaux ou aider les personnes handicapées à s'orienter dans le monde d'une manière auparavant impossible. Dans ce contexte, l'IA a la capacité de libérer les individus de tâches répétitives ou physiquement perturbantes, leur offrant ainsi davantage de possibilités d'épanouissement personnel, d'expression personnelle et de créativité.

Cependant, l'utilisation massive de l'IA peut également représenter de graves menaces pour les libertés individuelles. L'un des principaux problèmes est l'érosion de la vie privée. Les systèmes d'IA s'appuient souvent sur de grandes quantités de données personnelles pour fonctionner efficacement, et ces séries de données peuvent entraîner des atteintes à la vie privée. Par exemple, les technologies d'IA, telles que la reconnaissance faciale et les algorithmes prédictifs, peuvent enregistrer les mouvements, les comportements et les opportunités des individus, souvent sans leur consentement. Ce niveau de surveillance pourrait engendrer une société où les individus seraient surveillés en permanence, et où leurs choix et déplacements personnels seraient scrutés par les systèmes d'IA, ce qui pourrait potentiellement entraîner une perte de vie privée et d'autonomie.

De plus, le rôle de l'IA dans la surveillance soulève des questions quant à l'influence qu'elle peut exercer sur la vie des individus. Les gouvernements et les entreprises utilisent de plus en plus l'IA à des fins de surveillance, que ce soit pour diffuser des informations de masse ou surveiller les comportements en ligne. Dans les régimes autoritaires, l'IA peut être instrumentalisée pour contrôler les populations en réprimant la dissidence et en limitant la liberté d'expression. Cela crée un environnement où les individus sont constamment conscients que leurs faits et gestes sont surveillés, ce qui limite potentiellement leur capacité à s'exprimer librement et à faire des choix impartiaux. Vivre dans une société où les systèmes d'IA peuvent prédire et contrôler les comportements individuels menace la perception même de la liberté, car cela compromet la capacité des individus à prendre des décisions sans influence extérieure.

Outre les préoccupations liées à la protection de la vie privée, l'IA risque également de vouloir perpétuer ou exacerber les inégalités sociales existantes, ce qui impacte à son tour les libertés. Les systèmes d'IA, en particulier ceux qui s'appuient sur de grands ensembles de données, sont souvent alimentés par des statistiques qui reflètent les biais sociaux. Si cette gestion n'est pas prudente, cela pourrait donner naissance à des structures d'IA qui perpétuent la discrimination et restreignent les opportunités des entreprises marginalisées. Par exemple, les algorithmes d'IA utilisés dans les processus d'embauche, de maintien de l'ordre ou d'octroi de prêts peuvent refléter des biais liés à l'origine ethnique, au sexe ou à la situation socio-économique, limitant ainsi la liberté des personnes déjà défavorisées. L'application inégale de la technologie de l'IA pourrait engendrer de nouvelles formes de discrimination, conduisant à une société où certains individus se verraient refuser les libertés et les opportunités dont disposent d'autres.

De plus, la concentration du pouvoir entre les mains de certaines organisations et gouvernements contrôlant l'IA pourrait menacer la liberté financière. À mesure que l'IA s'intègre davantage aux pratiques commerciales, le rôle des grandes entreprises technologiques dans la définition des marchés et l'accès aux ressources devient plus important. Ces organisations peuvent utiliser l'IA pour influencer le comportement des consommateurs, optimiser les stratégies de tarification et gérer la distribution des produits et services. Cette concentration du pouvoir risque de limiter la liberté financière, les individus et les petits groupes étant contraints de se conformer aux décisions prises par ces entités puissantes.

La notion de liberté est également intimement liée au potentiel de l'IA à modifier les processus décisionnels humains. Avec le développement de systèmes d'IA capables d'influencer et de façonner les décisions par des suggestions personnalisées, des publicités ciblées ou des incitations comportementales, on pourrait craindre que l'IA ne compromette l'indépendance de pensée des individus. Plus les systèmes d'IA sont utilisés pour guider les décisions dans des domaines tels que le comportement des consommateurs, les scrutins et même les soins de santé, plus les individus risquent de se retrouver soumis à des influences extérieures au lieu de prendre des décisions fondées sur leurs propres valeurs et convictions. Ce passage d'une prise de décision indépendante à une prise de décision algorithmique pourrait réduire la liberté individuelle, car les individus pourraient devenir moins conscients des forces qui façonnent leurs choix et ne plus être en mesure d'agir de leur propre chef.

Dans ce contexte, il est essentiel de ne pas oublier le rôle de la réglementation et de la surveillance dans la protection des libertés individuelles à l'ère de l'IA. Les cadres juridiques doivent évoluer pour garantir que les technologies d'IA soient utilisées de manière à respecter les droits et libertés individuels. Cela implique l'élaboration de règles limitant la portée de la surveillance, garantissant la transparence des processus décisionnels liés à l'IA et protégeant la vie privée. De plus, des politiques doivent être mises en place pour éviter la monopolisation des technologies d'IA et garantir qu'elles soient utilisées au bénéfice de la société dans son ensemble, au lieu de concentrer le pouvoir entre les mains de certains acteurs.

De plus, il est essentiel que les systèmes d'IA soient conçus selon des principes éthiques qui privilégient l'autonomie et la liberté humaines. Cela implique de veiller à ce que l'IA évolue de manière à promouvoir l'équité, la responsabilité et la transparence. Les structures d'IA doivent être conçues pour autonomiser les individus, plutôt que de les manipuler. Par exemple, l'IA peut servir à offrir aux individus des choix et des opportunités supplémentaires, mais elle ne doit pas servir à restreindre leurs choix ou à les contraindre à suivre des voies prédéfinies. De plus, les développeurs d'IA doivent être conscients du potentiel de biais des systèmes d'IA et prendre des mesures pour garantir que ces technologies ne perpétuent plus la discrimination ou les inégalités.

Le lien entre intelligence artificielle et liberté exige une réflexion et une attention particulières. Si l'IA a le pouvoir d'améliorer la liberté individuelle en automatisant les tâches et en offrant de nouvelles possibilités, elle présente également d'énormes risques pour l'autonomie, la vie privée et l'égalité des personnes. La tâche consiste à trouver un équilibre entre l'exploitation des avantages de l'IA et la garantie qu'elle ne porte pas atteinte aux libertés essentielles à la dignité et à l'autonomie humaines. À mesure que l'IA évolue, il sera crucial de renforcer les cadres juridiques, les règles éthiques et les garanties technologiques qui protègent les droits des personnes et favorisent une société où la liberté peut s'épanouir au rythme de l'innovation.

CHAPITRE 5

Intelligence artificielle et humanité: des chemins convergents

5.1. L'IA et le cerveau humain

La relation entre l'intelligence artificielle (IA) et le cerveau humain est l'un des sujets les plus fascinants et les plus discutés de la science contemporaine. Les similitudes et les différences entre ces structures sont essentielles pour comprendre l'avenir de l'IA et son impact potentiel sur l'humanité. Le cerveau humain est une structure organique complexe qui comprend des capacités de haut niveau telles que le questionnement, l'acquisition de connaissances, la mémorisation, l'émotion et la conscience, grâce à l'interaction de milliards de neurones. L'IA, quant à elle, est un domaine de recherche axé sur le développement de machines dotées de compétences en résolution de problèmes, en apprentissage et en prise de décision, comparables à l'intelligence humaine.

Le cerveau humain fait partie du système nerveux central et est responsable de la gestion de fonctions complexes, telles que l'acquisition de connaissances, la mémoire, la croyance, les émotions et la conscience. Il contient plus de 100 milliards de neurones, chacun gérant de nombreuses connexions, formant ainsi un réseau complexe. Ce réseau est à la base des systèmes cognitifs humains. Les neurones communiquent par le biais de signaux électriques et chimiques, traitant des données et prenant des décisions.

L'esprit acquiert une connaissance appréciable de son potentiel, principalement grâce à la plasticité synaptique. Cette plasticité désigne le renforcement ou l'affaiblissement des synapses, les connexions entre les neurones, en réponse à la circulation d'informations. Ce mécanisme permet à l'esprit de s'adapter aux stimuli et aux histoires de l'environnement. De plus, la conscience, les réponses émotionnelles et les modifications comportementales sont régies par les interactions au sein de ces réseaux neuronaux.

Les systèmes d'IA cherchent régulièrement à imiter certaines caractéristiques du cerveau humain, dans le but de créer des machines capables de penser comme l'humain. Les réseaux neuronaux, fondamentaux de l'IA, sont conçus pour reproduire l'architecture du cerveau. Ces réseaux comprennent des couches qui traitent les statistiques à la manière des neurones et des synapses du cerveau humain.

Les algorithmes d'apprentissage profond, un sous-ensemble de l'apprentissage automatique, sont largement utilisés en IA pour traiter de vastes ensembles de données et optimiser l'acquisition de connaissances, à l'instar de la façon dont le cerveau humain ajuste ses synapses pour l'apprentissage et la mémoire. Ces systèmes d'IA excellent dans des tâches telles que la reconnaissance d'échantillons et de catégories, tout comme la capacité du cerveau humain à reconnaître les visages, les objets et les sons.

L'IA et l'esprit humain traitent tous deux l'information via des données externes, adaptant leur comportement en fonction des informations reçues. La manière dont l'IA est entraînée à partir d'enregistrements est comparable à la manière dont les humains apprennent et adaptent leur comportement en fonction de nouvelles études.

La principale différence entre l'IA et le cerveau humain réside dans le fait que l'un est un système biologique et l'autre un assemblage artificiel. Le cerveau humain est constitué de neurones et de synapses, tandis que les structures de l'IA reposent sur des additifs virtuels et une infrastructure mécanique. Ces différences entraînent des différences considérables en termes de vitesse de traitement, d'efficacité énergétique, de méthodes d'apprentissage et de résolution de problèmes.

Le cerveau humain est extrêmement économe en énergie. Bien qu'il ne représente qu'environ 2 % du poids du corps, il consomme environ 20 % de son énergie totale. En comparaison, les systèmes d'IA nécessitent généralement une puissance de traitement importante. Les algorithmes d'apprentissage profond, par exemple, nécessitent une puissance de calcul importante, s'appuyant souvent sur des processeurs et des centres de données volumineux.

Une autre distinction essentielle réside dans l'adaptabilité inhérente du cerveau. Ce dernier est capable d'apprendre tout au long de sa vie et de s'adapter à de nouvelles expériences. Il peut agir de manière créative, intuitive et éthique, ce que l'IA ne peut pas faire actuellement. Si l'IA peut apprendre à partir d'informations et optimiser ses fonctions, elle est très limitée dans sa capacité à faire preuve de créativité, d'instinct ou de choix éthique. L'IA excelle dans des tâches spécifiques et bien définies, mais peine à maîtriser les capacités cognitives humaines plus abstraites.

La convergence de l'IA et de l'esprit humain est une discipline en pleine évolution, offrant de nombreuses perspectives pour l'avenir de la technologie et de la société. Si les systèmes d'IA s'intègrent de plus en plus à divers secteurs, ils n'ont pas encore pleinement atteint la complexité du cerveau humain. Cependant, la fusion de ces deux fonctions ouvre des perspectives nouvelles et prometteuses. Les interfaces cerveau-ordinateur, les neurotechnologies et les dispositifs d'apprentissage cérébral alimentés par l'IA montrent que l'intégration numérique et biologique est de plus en plus plausible.

Les interfaces cerveau-ordinateur, en particulier, progressent à un point tel qu'elles permettent un contrôle direct des ordinateurs par la pensée. Cette technologie est capable de restaurer la mobilité des patients paralysés, d'améliorer les capacités cognitives et de renforcer la collaboration entre humains et machines. De même, les réseaux neuronaux alimentés par l'IA peuvent améliorer la prise de décisions écologiques, l'apprentissage des mécanismes et la résolution de problèmes.

La fusion de l'IA et de l'esprit humain offre des perspectives de premier ordre, tout en soulevant des préoccupations essentielles en matière de morale, de sécurité et de société. À mesure que la technologie de l'IA évolue, les frontières entre l'intelligence humaine et l'intelligence artificielle s'estompent. La fusion de ces deux intelligences pourrait également transformer en profondeur notre façon d'interagir avec le monde et avec les autres.

L'avenir révélera dans quelle mesure le potentiel de l'IA et de la fusion du cerveau humain pourra être exploité et comment cette stratégie transformera la société. Cependant, l'interaction entre ces structures restera l'un des aspects les plus importants de l'évolution technologique et humaine.

5.2. Interaction homme-machine

L'interaction homme-machine (IHM) désigne la communication et la collaboration entre les individus et les machines. C'est un domaine d'étude et de développement essentiel dans le contexte de l'intelligence artificielle (IA) et de l'automatisation, car elle explore comment ces technologies peuvent s'intégrer à la vie quotidienne et enrichir les capacités humaines. L'évolution de l'IHM s'est considérablement accélérée avec le développement de l'IA, de la robotique et de l'apprentissage automatique, et elle continue de redéfinir la manière dont les individus interagissent avec la technologie.

Les racines de l'interaction homme-machine remontent aux premières machines, où les opérateurs interagissaient avec des gadgets mécaniques. Cependant, au fil des générations, les machines sont devenues de plus en plus performantes et la nature de l'interaction homme-machine a évolué. Au XXe siècle, la création des systèmes informatiques a marqué une nouvelle ère pour les IHM, l'homme étant désormais attiré par les machines via des interfaces utilisateur graphiques (IUG), des claviers et des écrans.

Avec le développement de la puissance informatique et l'évolution des technologies d'IA, les machines ont commencé à présenter des capacités plus avancées, notamment le traitement du langage naturel, la reconnaissance d'images et la prise de décision. Ces innovations ont permis aux machines d'interpréter les données humaines de manière de plus en plus intuitive, jetant ainsi les bases de la prochaine génération d'interactions homme-machine.

Aujourd'hui, l'interaction homme-machine ne se limite plus aux techniques de saisie classiques comme taper au clavier ou toucher un écran. Avec l'essor de l'IA et de l'apprentissage automatique, les machines peuvent désormais comprendre la parole, appréhender les émotions, réagir aux gestes, voire même deviner les désirs humains. Ces avancées ont estompé les frontières entre humains et machines, favorisant une interaction plus fluide et naturelle entre les deux.

L'IA joue un rôle essentiel dans l'amélioration des interactions homme-machine. Les algorithmes de maîtrise des machines permettent aux machines d'améliorer continuellement leur capacité à comprendre et à réagir au comportement humain. Cette capacité à analyser le comportement humain rend les machines plus adaptatives et capables de gérer des tâches complexes nécessitant des prises de décision nuancées.

Le traitement automatique du langage naturel (TALN) est l'une des technologies d'IA les plus performantes pour l'interaction homme-machine. Il permet aux machines d'appréhender et de générer le langage humain, favorisant ainsi une communication plus intuitive entre les humains et les machines. Les assistants virtuels, comme Siri d'Apple, Alexa d'Amazon et Assistant de Google, s'appuient sur le TALN pour interpréter les commandes vocales et fournir des réponses pertinentes. Ces systèmes peuvent effectuer des tâches allant de la création de rappels à la réponse à des questions complexes, ce qui en fait un élément essentiel du quotidien de millions de personnes dans le monde.

Une autre ère clé de l'IA améliorant l'IHM est la vision par ordinateur. Les algorithmes d'apprentissage automatique permettent aux machines de « voir » et d'appréhender des données visibles, leur permettant d'interpréter les objets, les personnes et les environnements en temps réel. Cette technologie est déjà utilisée dans les véhicules autonomes, où les systèmes pilotés par l'IA examinent les images des caméras et des capteurs pour naviguer sur les routes et prendre des décisions. La vision par ordinateur joue également un rôle dans les structures de réputation faciale, où les machines analysent les fonctions faciales pour identifier les individus.

L'un des atouts majeurs de l'interaction homme-machine réside dans la montée en puissance des machines indépendantes. Les structures autonomes, comme les moteurs, drones et robots autonomes, sont capables d'exécuter des tâches sans contrôle humain direct. Ces machines s'appuient sur l'IA, des capteurs et des algorithmes pour prendre des décisions et s'adapter à leur environnement en temps réel.

L'avènement des machines autonomes a des implications majeures pour l'interaction homme-système. Autrefois, les opérateurs humains contrôlaient en permanence les machines, mais les systèmes autonomes inversent cette dynamique. Au lieu de donner des ordres, les humains interagissent désormais avec les machines selon des méthodes plus complexes, s'appuyant régulièrement sur elles pour prendre des décisions de manière autonome, tout en garantissant la sécurité et la moralité.

Les voitures autonomes, par exemple, doivent communiquer avec leurs passagers pour garantir leur confort et leur vigilance. Ces véhicules utilisent l'IA pour analyser l'état de la route, reconnaître les panneaux de signalisation et naviguer dans des environnements complexes. Cependant, ils doivent également communiquer avec eux pour les informer des activités essentielles, notamment quand prendre le contrôle en cas de besoin ou quand s'arrêter en cas d'accident.

Les implications éthiques des machines autonomes sont néanmoins explorées, mais ces systèmes offrent de nouvelles possibilités d'interaction homme-système. Les humains pourraient devoir accepter les machines autonomes pour prendre des décisions dans des situations à enjeux élevés, et cette confiance dépendra de la capacité des machines à communiquer leurs processus décisionnels.

La collaboration homme-machine dépasse la simple interaction; elle implique un partenariat où humains et machines contribuent à la réalisation d'objectifs communs. Avec l'évolution constante de l'IA et de l'automatisation, la collaboration homme-machine devient un aspect important des secteurs d'activité, au même titre que la santé, l'industrie manufacturière, la formation et le service client.

Dans le domaine de la santé, l'IA est utilisée pour aider les médecins à diagnostiquer les maladies, à analyser les photographies cliniques et à proposer des traitements personnalisés. Les machines peuvent traiter des quantités considérables d'informations en une fraction du temps nécessaire à un humain, aidant ainsi les médecins à prendre des décisions plus éclairées. Cependant, le facteur humain reste essentiel pour faire preuve d'empathie, comprendre les besoins des patients et prendre des décisions éthiques que les machines ne peuvent pas encore reproduire.

En production, les robots collaborent de plus en plus étroitement avec les humains pour effectuer des tâches répétitives, permettant ainsi à ces derniers de se concentrer sur des tâches plus innovantes et complexes. Les robots pilotés par l'IA peuvent s'adapter à différentes tâches et environnements, collaborant avec les humains pour améliorer l'efficacité et la sécurité. De même, dans le service client, les chatbots IA traitent les demandes simples, tandis que les spécialistes marketing interviennent pour les problèmes plus complexes.

Avec l'essor constant de l'IA et de la robotique, l'avenir des interactions homme-machine recèle un potentiel considérable. L'intégration de l'IA, de l'apprentissage automatique et de la robotique avancée permettra probablement des interactions encore plus fluides et intuitives entre humains et machines. L'essor des interfaces cerveau-machine (ICO) constitue une avancée majeure, permettant aux humains de communiquer directement avec les machines en utilisant uniquement leur cerveau. Cette technologie devrait révolutionner des domaines tels que la santé, où les ICO pourraient aider les patients handicapés à retrouver leur mobilité ou à parler plus correctement.

De plus, l'utilisation croissante de l'IA sur le lieu de travail et dans la vie quotidienne soulèvera des questions cruciales sur l'avenir du travail et de l'identité humaine. À mesure que les machines seront de plus en plus capables d'accomplir des tâches traditionnellement accomplies par les humains, il sera crucial de se rappeler comment les humains et les machines peuvent coexister et collaborer efficacement.

Les préoccupations morales entourant l'IA et l'interaction homme-appareil continueront de jouer un rôle crucial dans l'avenir de ce domaine. Des questions telles que la confidentialité, la sécurité et la capacité de l'IA à perpétuer des biais ou à prendre des décisions contraires à l'éthique devront être abordées à mesure que les systèmes d'IA s'intègrent de plus en plus profondément dans la société.

L'interaction homme-machine entre dans une nouvelle ère, portée par les progrès de l'IA, de la robotique et de l'apprentissage automatique. À mesure que les machines deviendront plus performantes en matière d'information et répondront mieux aux besoins humains, la relation entre les humains et les machines continuera de s'adapter. L'avenir de l'interaction homme-machine promet une collaboration plus efficace, de nouvelles technologies et des opportunités d'innovation inégalées. Cependant, cet avenir présente également des défis complexes qu'il convient de relever pour que l'IA et les machines embellissent, plutôt que de dégrader, la vie humaine.

5.3. L'avenir de l'IA

L'intelligence artificielle (IA) a fait d'énormes progrès ces dernières années, transformant les industries et remodelant la société. Face à l'avenir, ses capacités semblent infinies. Son évolution continuera d'influencer presque tous les aspects de la vie humaine, des entreprises aux soins de santé, en passant par l'éducation et au-delà. Cependant, l'avenir de l'IA ne se résume pas au développement technologique; il s'agit aussi de la manière dont l'IA interagit avec la société, l'éthique et la gouvernance.

L'une des tendances les plus prometteuses pour l'avenir de l'IA est la rapidité de l'innovation. Dans les années à venir, l'IA devrait devenir de plus en plus performante, grâce aux avancées en matière d'apprentissage profond, de réseaux neuronaux et d'apprentissage par renforcement qui propulseront cette technologie vers de nouveaux sommets. Ces avancées permettront aux systèmes d'IA d'accomplir des tâches plus complexes avec une précision, des performances et une adaptabilité accrues.

L'IA continuera de développer son potentiel d'analyse d'énormes quantités de données, ce qui la rendra précieuse dans des domaines comme la finance, la santé et la météorologie. Sa capacité à identifier des tendances, à prédire des résultats et à fournir des informations à partir de grands ensembles de données redéfinira les stratégies de prise de décision dans presque tous les domaines. Par exemple, dans le domaine de la santé, l'IA pourrait révolutionner la médecine personnalisée en étudiant les données génétiques et en proposant des recommandations thérapeutiques adaptées aux patients.

Les progrès constants de la recherche en IA permettront l'avènement de structures plus autonomes. Ces systèmes, des véhicules autonomes aux robots assistants et aux drones, pourraient fonctionner de manière autonome dans des environnements réels. L'avenir de l'IA verra probablement le développement de systèmes capables non seulement de répondre aux commandes humaines, mais aussi de prédire et d'anticiper les besoins en temps réel, proposant des solutions proactives plutôt que réactives.

À mesure que l'IA se perfectionne, elle transformera fondamentalement la nature du travail. L'automatisation, grâce à l'IA, devrait remplacer certains emplois tout en créant de nouvelles opportunités dans des domaines tels que la robotique, les technologies de l'information et l'éthique de l'IA. L'avenir de l'IA sur le lieu de travail sera celui de la collaboration entre humains et machines, les machines gérant les tâches routinières et répétitives tandis que les humains se spécialiseront dans des rôles exigeant créativité, réflexion critique et intelligence émotionnelle.

Dans des secteurs comme la production, la logistique et le service client, l'automatisation induite par l'IA améliorera l'efficacité et réduira les coûts opérationnels. Robots et systèmes d'IA collaboreront avec les travailleurs humains pour s'acquitter de tâches dangereuses, monotones ou physiquement stressantes. Cependant, les employés humains resteront essentiels pour superviser les opérations, prendre des décisions complexes et faire preuve d'empathie et de leadership dans des secteurs comme la santé, l'éducation et l'innovation.

Le rôle de l'IA dans les entreprises pourrait même évoluer en termes de prise de décision. Les systèmes d'IA aideront les managers et les dirigeants à prendre des décisions fondées sur des statistiques, en fournissant des informations et des prévisions basées sur d'énormes quantités de données. Par exemple, les algorithmes d'IA analyseront le comportement des consommateurs et les tendances du marché, permettant aux entreprises de prendre des décisions plus éclairées en matière de développement de produits, de stratégies marketing et d'allocation de l'aide.

Malgré sa capacité à déplacer des tâches, l'IA peut également créer de nouvelles catégories d'emplois et de nouveaux ensembles de compétences. Pour suivre le rythme de ces changements, les travailleurs devront approfondir leurs compétences en IA, en analyse statistique, en programmation et en éthique. Les systèmes éducatifs devront s'adapter pour préparer les générations futures à un marché du travail de plus en plus dépendant de l'IA et de la technologie.

L'évolution constante de l'IA soulèvera des questions morales cruciales auxquelles il faudra répondre. L'une des préoccupations les plus urgentes concerne le potentiel de l'IA à perpétuer les biais. Comme les structures d'IA analysent les données, elles peuvent, par inadvertance, analyser et renforcer les biais présents dans les données sur lesquelles elles sont entraînées. Cela peut entraîner des effets injustes ou discriminatoires, notamment dans des domaines sensibles comme le recrutement, le maintien de l'ordre et la santé.

La capacité de l'IA à prendre des décisions autonomes soulève également des questions morales sur la responsabilité. Dans le cas des voitures autonomes, par exemple, qui est responsable si une voiture autonome provoque un accident ? La responsabilité incombe-t-elle au constructeur, au développeur du logiciel ou au propriétaire du véhicule ? Ces questions devront trouver une réponse à mesure que l'IA s'intégrera davantage à la vie quotidienne.

Une autre préoccupation morale essentielle concerne l'utilisation de l'IA à des fins de surveillance et de protection de la vie privée. Avec les capacités croissantes de l'IA en matière de reconnaissance faciale et d'analyse de données, des pratiques de surveillance invasives pourraient menacer la vie privée et les libertés civiles. Trouver un équilibre entre les avantages de l'IA en matière de sécurité et d'application de la loi et la nécessité de protéger les libertés individuelles pourrait être une tâche à laquelle les gouvernements et les entreprises devront faire face.

Pour garantir que l'IA serve l'humanité de manière éthique, un cadre de gouvernance de l'IA devra être élaboré. Ce cadre devra aborder des questions telles que la transparence, la responsabilité et l'utilisation responsable de l'IA. Dans les années à venir, nous assisterons probablement à un statu quo des normes mondiales en matière d'éthique de l'IA, ainsi qu'à une réglementation accrue de la technologie de l'IA afin d'en atténuer les dangers et de garantir son adéquation aux valeurs sociétales.

L'IA aura des conséquences profondes sur la dynamique sociale et les relations humaines. À mesure que les systèmes d'IA s'intègrent davantage à la vie quotidienne, ils transformeront la manière dont les êtres humains communiquent, travaillent et interagissent. L'un des impacts les plus importants concernera la nature des relations humaines. Les systèmes basés sur l'IA, tels que les robots sociaux et les assistants virtuels, pourraient jouer un rôle de partenaire, apportant un soutien émotionnel et stimulant à la communication. Cela pourrait être particulièrement bénéfique pour les personnes âgées ou isolées socialement, offrant une forme de compagnie qui atténue la solitude.

Cependant, l'essor des compagnons IA soulève également des questions sur l'authenticité des relations humaines. À mesure que les humains interagissent davantage avec les machines, les relations humaines risquent de devenir plus superficielles ou tendues. Le besoin d'interactions humaines authentiques et de liens émotionnels restera essentiel, même dans un monde de plus en plus peuplé d'IA.

La place de l'IA sur les réseaux sociaux est appelée à évoluer, les algorithmes dictant de plus en plus les statistiques que les humains voient et leurs interactions en ligne. Si l'IA peut améliorer la personnalisation et la découverte de contenu, elle peut également exacerber des problèmes tels que les fausses informations, les chambres d'écho et la polarisation. L'avenir de l'IA sur les réseaux sociaux nécessitera une attention particulière à l'impact des algorithmes sur le discours public et à la manière d'atténuer leurs effets néfastes sur la démocratie et la cohésion sociale.

L'une des perspectives les plus prometteuses pour l'avenir de l'IA est le développement de systèmes superintelligents. La superintelligence désigne une forme d'IA qui surpasse l'intelligence humaine dans tous les domaines, de la résolution de problèmes à la créativité et à l'intelligence émotionnelle. Bien que cet objectif reste lointain, la quête d'une IA superintelligente soulève des questions fascinantes sur l'avenir de l'humanité.

Si l'IA atteignait le niveau de superintelligence, elle pourrait potentiellement résoudre certains des défis les plus urgents du secteur, notamment les changements climatiques, la maladie et la pauvreté. Les systèmes superintelligents pourraient apporter des solutions innovantes que l'homme est incapable de concevoir, ouvrant ainsi de nouvelles perspectives de développement clinique et technologique.

Cependant, l'émergence d'une IA superintelligente présente également des risques existentiels. Un système superintelligent pourrait devenir incontrôlable et agir de manière incompatible avec les valeurs et les intérêts humains. Garantir que les systèmes d'IA restent en phase avec les objectifs humains pourrait être l'une des tâches les plus exigeantes pour les générations futures.

L'avenir de l'IA est à la fois passionnant et incertain. Si l'IA possède un potentiel considérable pour transformer la société, améliorer la vie humaine et résoudre des problèmes complexes, elle présente également des situations exigeantes qu'il convient de gérer avec prudence. Son évolution constante pourrait avoir des conséquences profondes sur le système économique, l'éthique, la dynamique sociale et les relations humaines. Le développement d'une gouvernance de l'IA, de cadres moraux et d'une technologie responsable peut être crucial pour garantir que l'IA serve les grandes aspirations de l'humanité.

Dans les années à venir, l'IA va très probablement redéfinir la notion d'humain et transformer le monde d'une manière que nous commençons à peine à imaginer. L'avenir de l'IA est une aventure qui nécessitera collaboration, innovation et réflexion approfondie pour maximiser ses bénéfices et minimiser ses risques.

5.4. Améliorer les capacités humaines grâce à l'IA

L'intelligence artificielle (IA) a rapidement évolué, passant d'un simple intérêt technologique à un élément fondamental de la vie humaine moderne. L'un des programmes les plus profonds et transformateurs de l'IA réside dans sa capacité à sublimer les talents humains, en améliorant non seulement nos capacités, mais aussi notre façon de penser, d'interagir et de prendre des décisions. En combinant la créativité, l'empathie et le raisonnement humains à la rapidité, à la précision et à la force d'analyse de l'IA, nous entrons dans une technologie où les limites des capacités humaines sont radicalement redéfinies.

L'IA d'augmentation intervient dans plusieurs domaines: des améliorations physiques et cognitives à l'assistance émotionnelle et sociale. Chaque domaine connaît des avancées qui transforment la société, la médecine, l'éducation, le système administratif et le bien-être personnel. Plutôt que de remplacer les humains, l'IA devient de plus en plus un partenaire collaboratif, amplifiant les forces et compensant les limitations.

Dans le domaine de l'augmentation cognitive, l'IA offre des outils qui améliorent la mémoire, accélèrent l'apprentissage et facilitent la prise de décisions complexes. Les structures de tutorat intelligentes, par exemple, s'adaptent aux styles et rythmes d'apprentissage individuels, créant ainsi des parcours pédagogiques personnalisés. Les modèles de langage aident les chercheurs à analyser d'importantes bases de données, à générer des informations et même à proposer de nouvelles hypothèses. En entreprise, l'analyse pilotée par l'IA permet aux professionnels de faire des prédictions plus précises et de prendre des décisions stratégiques en révélant des modèles invisibles à l'œil nu.

Sur le plan physique, l'IA transforme le monde de la génération assistée. Des membres robotisés, gérés par des interfaces neuronales, redonnent la mobilité aux personnes amputées. Des exosquelettes, alimentés par des algorithmes d'IA, aident les personnes souffrant de lésions médullaires ou de problèmes musculaires à remarcher. Ces technologies ne sont pas de simples prothèses: ce sont des extensions du corps humain, capables d'accomplir des tâches autrefois inaccessibles à leurs utilisateurs.

Dans la conversation et l'interaction, l'IA franchit les barrières linguistiques et sensorielles. Les outils de traduction en temps réel, la synthèse vocale pour les personnes souffrant de troubles de la parole et les aides auditives alimentées par l'IA ont permis de renforcer l'accessibilité et l'inclusion. Grâce à des systèmes de vision améliorés par l'IA, les personnes malvoyantes peuvent naviguer dans des environnements et reconnaître des objets ou des personnes grâce à des remarques auditives. Ces structures non seulement réparent les compétences perdues, mais permettent également aux utilisateurs d'interagir avec le monde de manières fondamentalement nouvelles.

L'un des domaines les plus intéressants de l'augmentation de l'IA réside dans l'assistance émotionnelle et intellectuelle. Des compagnons d'IA, basés sur le traitement naturel du langage et l'informatique affective, évoluent pour offrir une assistance émotionnelle aux personnes âgées, aux personnes souffrant de troubles mentaux ou vivant en isolement. Ces systèmes peuvent communiquer avec empathie, détecter des signes de détresse psychologique et même suggérer des stratégies comportementales ou alerter les soignants. S'ils ne remplacent pas les relations humaines, ils constituent un puissant complément aux soins de santé mentale classiques.

La productivité et l'innovation au travail ont également été révolutionnées par l'augmentation de l'IA. Des assistants logiciels intelligents automatisent les tâches courantes, permettant aux professionnels de se concentrer sur des projets innovants et stratégiques. En design et en ingénierie, les algorithmes d'IA collaborent avec les humains pour explorer des centaines de diversifications de conception, proposer des solutions innovantes, voire co-créer de nouveaux produits. Musiciens, artistes et auteurs utilisent de plus en plus les outils d'IA comme partenaires innovants, créant de nouveaux modes d'expression alliant précision mécanique et créativité humaine.

Dans le domaine de la santé, l'IA étend les capacités diagnostiques et décisionnelles des médecins. Les radiologues utilisent l'IA pour détecter avec plus de précision les premiers symptômes de cancer ou les anomalies sur les images. Les chirurgiens utilisent des structures robotisées guidées par l'IA pour réaliser des opérations délicates avec une précision remarquable. De plus, l'IA contribue à la personnalisation des traitements en étudiant les données génétiques et en prédisant les réponses individuelles aux traitements, ce qui permet d'élaborer des thérapies plus efficaces.

Les implications éthiques de l'amélioration des capacités humaines grâce à l'IA ne peuvent être ignorées. À mesure que l'IA s'ancrera davantage dans nos esprits et nos corps, des questions d'identité, d'entreprise et d'inégalité se poseront. Qui contrôle les informations qui façonnent nos rapports supérieurs ? Comment garantir un accès équitable à ces technologies ? L'augmentation creusera-t-elle l'écart entre ceux qui peuvent se permettre des mises à niveau financières et ceux qui n'en ont pas les moyens ? Il est essentiel de répondre à ces préoccupations pour que l'IA serve de moteur d'amélioration collective plutôt que de levier.

Dans un avenir proche, la synergie entre humains et IA s'approfondira de la même manière grâce aux interfaces cerveau-ordinateur, aux systèmes de biofeedback en temps réel et aux environnements intelligents sensibles au contexte. Ces avancées promettent de donner aux individus les moyens non seulement de dépasser leurs limites, mais aussi de les dépasser, en explorant de nouveaux domaines de croyance, de productivité et de sens.

L'amélioration par l'IA ne consiste pas à transformer les humains en machines ou inversement. Elle vise à forger un partenariat qui respecte et valorise les qualités de chacun. Ce faisant, nous libérons le potentiel de notre espèce, non plus en nous remplaçant nous-mêmes, mais en devenant pleinement humains grâce à des systèmes intelligents conçus pour accroître nos capacités, favoriser notre croissance et améliorer nos vies.

CHAPITRE 6

L'IA et le changement culturel

6.1. Perceptions culturelles et IA

L'intersection entre l'intelligence artificielle (IA) et la tradition transforme profondément notre façon de percevoir et d'interagir avec la technologie. L'IA n'est pas seulement un outil technique; elle est en passe de devenir une force culturelle, influençant la perception que les humains ont d'eux-mêmes, de la société et du monde qui les entoure.

L'IA est depuis longtemps un sujet de fascination et de défi dans la culture populaire. Des premières représentations de machines astucieuses dans des œuvres de science-fiction comme Metropolis (1927) et 2001: L'Odyssée de l'espace (1968), aux représentations plus récentes dans des films comme Ex Machina (2014) et Her (2013), l'IA a été le reflet des espoirs et des angoisses humaines. Ces représentations ont façonné la perception du public à l'égard de l'IA, la présentant à la fois comme un sauveur et un danger potentiel. Bien que ces représentations soient fictives, elles jouent un rôle important dans l'influence des attitudes culturelles plus proches de l'IA et de ses capacités.

À mesure que les technologies d'IA se développent dans la réalité, elles commencent à brouiller les frontières entre fiction et réalité. La perception de l'IA comme entité sensible, semblable à l'humain, est passée d'une idée spéculative lointaine à un sujet plus instantané et tangible. La couverture médiatique des avancées de l'IA, telles que le développement de véhicules autonomes, de technologies de reconnaissance faciale et d'algorithmes avancés de maîtrise des appareils, a suscité un sentiment à la fois de surprise et de crainte au sein du public. Certains voient l'IA comme un outil essentiel au développement sociétal, tandis que d'autres la voient comme un signe avant-coureur de dangers existentiels, tels que le chômage de masse, la surveillance et l'érosion de la vie privée.

L'un des changements culturels les plus profonds induits par l'IA réside dans la manière dont elle remet en question les notions conventionnelles d'identité humaine. Pendant des siècles, les êtres humains se sont définis comme distincts des machines, possédant des qualités spécifiques comme la cognition, l'émotion et la créativité. L'IA, cependant, commence à brouiller ces distinctions. Les algorithmes d'apprentissage automatique peuvent désormais effectuer des tâches autrefois considérées comme propres aux humains, comme repérer des images, traduire des langues et même produire des œuvres créatives.

L'IA, en constante évolution, soulève des questions essentielles sur ce que signifie être humain. Si les machines peuvent imiter le comportement et les processus intellectuels humains, cela signifie-t-il qu'elles possèdent une forme de concentration ou d'intelligence ? Sont-elles capables d'éprouver des émotions, ou leur « empathie » n'est-elle qu'une simulation ? Ces questions ont de profondes implications culturelles, remettant en question la vision du monde traditionnellement centrée sur l'humain et suscitant de nouveaux débats philosophiques sur la nature de la conscience, de la liberté de volonté et de l'identité.

À bien des égards, la montée en puissance de l'IA a contraint la société à affronter ses propres hypothèses sur le caractère unique de l'expérience humaine. À mesure que les structures d'IA deviennent plus performantes, elles nous mettent au défi de reconsidérer notre compréhension de ce qui fait de nous des êtres humains et de déterminer si notre identité peut être reproduite ou transmise par des machines.

L'IA a également un impact profond sur les expressions culturelles telles que l'art, la musique et la littérature. Les industries créatives, longtemps associées à l'ingéniosité et à l'émotion humaines, sont aujourd'hui transformées par des technologies d'IA capables de générer des œuvres originales. Des outils basés sur l'IA, tels que DeepDream de Google et les modèles GPT d'OpenAI, sont utilisés pour créer des œuvres visuelles, des compositions musicales et même de la poésie, bousculant ainsi les notions conventionnelles de créativité et de paternité.

Si certains affirment que l'implication de l'IA dans le système créatif porte atteinte à l'authenticité et à la profondeur émotionnelle de l'art créé par l'homme, d'autres y voient une opportunité pour de nouvelles formes d'expression. L'IA permet aux artistes d'explorer des territoires inexplorés, en expérimentant de nouvelles techniques, de nouveaux styles et de nouveaux supports. Par exemple, la musique générée par l'IA peut repousser les limites du son et de la structure, créant des compositions impossibles à produire pour un compositeur humain. De même, l'art visuel poussé par l'IA remet en question les normes esthétiques traditionnelles, mêlant surréalisme, abstraction et réalisme de manière à susciter de nouvelles interprétations de la vie visuelle.

Le débat sur l'IA dans les arts soulève également des questions sur le coût de la créativité humaine. Si l'IA peut créer des œuvres qui rivalisent, voire surpassent, les œuvres créées par l'homme, quelles conséquences cela aura-t-il sur l'avenir de l'expression artistique ? Les artistes humains seront-ils supplantés par les machines, ou découvriront-ils de nouvelles approches pour collaborer avec l'IA et créer des œuvres encore plus révolutionnaires ? Ces questions transforment les perceptions culturelles de l'art, de la créativité et du rôle de l'artiste dans un monde de plus en plus dominé par la technologie.

Un autre impact culturel majeur de l'IA est son rôle dans la formation de l'éthique et des valeurs sociétales. À mesure que les structures d'IA s'intègrent de plus en plus à la vie quotidienne, elles peuvent être amenées à prendre des décisions ayant des implications éthiques. Des voitures autonomes prenant des décisions de vie ou de mort aux algorithmes déterminant l'accès aux soins de santé, l'IA est de plus en plus présente dans les domaines où la vie et le bien-être humains sont en jeu.

L'utilisation de l'IA dans ces contextes soulève d'importantes questions morales sur l'équité, le devoir et la transparence. Comment les structures d'IA doivent-elles prendre des décisions face à des valeurs contradictoires ou à des dilemmes éthiques ? Qui est responsable lorsqu'un dispositif d'IA commet une erreur ou cause des dommages ? Il ne s'agit pas de simples questions techniques; ce sont des problèmes profondément culturels qui obligent la société à définir ses limites morales et éthiques en matière d'IA.

Les perceptions culturelles de l'éthique de l'IA varient considérablement selon les sociétés et les régions. Certaines cultures accordent une grande importance à la protection de la vie privée et des droits des individus, ce qui influence la réglementation et le déploiement de l'IA. D'autres privilégient le bien-être collectif et la cohésion sociale, ce qui conduit à des approches différentes de gouvernance et de responsabilité de l'IA. Ces variations culturelles jouent un rôle crucial dans l'évolution, le suivi et l'intégration de l'IA dans la société.

À mesure que l'IA s'adapte, elle jouera un rôle de plus en plus important dans la perception culturelle de la technologie, de l'identité et des capacités humaines. La manière dont l'IA est présentée dans les médias, discutée dans les milieux universitaires et suivie dans la vie quotidienne continuera d'influencer notre perception des machines et de leur place dans notre monde.

À l'avenir, les perceptions culturelles de l'IA pourraient également évoluer, à mesure que les avancées en matière de maîtrise des appareils, de robotique et de neurosciences conduiront à des structures d'IA encore plus avancées. La frontière entre l'humain et la machine pourrait également continuer à s'estomper, donnant naissance à de nouvelles formes d'identités hybrides et à de nouvelles conceptions de la connaissance. À mesure que l'IA s'intégrera davantage à la société, elle redéfinira probablement la notion d'humain et repoussera nos hypothèses sur les limites de l'intelligence, de la créativité et des émotions.

De plus, à mesure que les systèmes d'IA deviennent plus autonomes et capables de prendre leurs propres décisions, la société devra élargir de nouveaux cadres éthiques pour influencer son comportement. Ces cadres devront refléter un large éventail de valeurs culturelles et garantir que l'IA soit utilisée de manière à respecter le bien-être humain et les aspirations de la société.

Les perceptions culturelles de l'IA évoluent rapidement, façonnées par les progrès technologiques, les changements de perspectives philosophiques et les changements de valeurs sociétales. L'IA n'est plus un simple outil; elle devient une force culturelle qui remet en question notre compréhension de l'être humain et des capacités des machines. À mesure que l'IA progresse, elle va certainement remodeler notre paysage culturel, influençant notre perception de l'identité, de la créativité, de l'éthique et de l'avenir de l'humanité.

En analysant sérieusement ces changements de perception culturelle, nous pourrons mieux appréhender les relations complexes entre humains et machines, en veillant à ce que l'IA soit développée et déployée selon des méthodes qui favorisent l'épanouissement humain et contribuent à une société plus juste et plus équitable. Face à l'avenir, il est clair que l'IA transformera non seulement la technologie, mais aussi la matière même de notre vie culturelle.

6.2. Le rôle de l'IA dans l'art et la créativité

L'intelligence artificielle (IA) s'impose de plus en plus dans le monde de l'art et de la créativité. Historiquement, l'art a été considéré comme un domaine dominé par l'ingéniosité, l'émotion et la croyance humaines. La méthode créative est depuis longtemps perçue comme l'expression de l'expérience humaine, de l'individualité et de l'importance culturelle. Cependant, l'entrée de l'IA dans le domaine artistique bouscule ces notions traditionnelles et ouvre de nouvelles perspectives d'introduction et d'interprétation artistiques.

La capacité de l'IA à générer de l'art visuel a été l'une de ses influences les plus marquantes dans le domaine créatif. Des algorithmes tels que les réseaux antagonistes génératifs (GAN) et les modèles d'apprentissage profond ont été formés sur de vastes collections d'images, leur permettant de créer des œuvres d'art entièrement nouvelles. Ces systèmes d'IA analysent les tendances des créations existantes, apprenant à imiter et à combiner des modèles et des stratégies uniques. Les clichés qui en résultent peuvent aller de photographies hyperréalistes à des paysages abstraits, offrant de nouvelles perspectives d'expression créative.

L'un des exemples les plus marquants d'œuvres d'art générées par l'IA est le tableau d'Edmond de Belamy, réalisé par le collectif artistique parisien Obvious à l'aide d'un GAN. En 2018, le tableau a été adjugé chez Christie's pour plus de 432 000 dollars, soulignant la popularité croissante des œuvres d'art créées par l'IA dans le monde de l'art grand public. La photo, un portrait flou d'une figure aristocratique, illustre le potentiel de l'IA à identifier des documents d'art traditionnels tout en y intégrant des éléments inédits.

Si l'art généré par l'IA soulève des questions intéressantes sur la nature de la créativité, il suscite également un examen approfondi. Les critiques affirment que la « créativité » de l'IA manque d'intensité émotionnelle et d'expérience humaine. Après tout, l'IA ne « ressent » pas le nombre de sujets qu'elle génère; elle se contente de traiter les données en fonction des styles. D'autres, en revanche, considèrent l'IA comme une extension de la créativité humaine, l'artiste agissant comme un guide ou un commissaire d'exposition plutôt que comme un simple auteur. Ce débat soulève des questions plus larges sur la paternité et l'originalité en art, des questions qui se complexifient à mesure que l'IA prend de l'ampleur dans le système créatif.

La musique, tout comme les arts visuels, a connu de profondes transformations grâce à l'apparition d'outils d'IA conçus pour composer et interpréter des morceaux. Des logiciels basés sur l'IA, tels que MuseNet et Jukedeck d'OpenAI, utilisent l'apprentissage automatique pour composer des morceaux uniques dans une grande variété de genres musicaux. Ces algorithmes s'appuient sur de vastes bases de données musicales et étudient les structures, les harmonies et les rythmes sous-jacents qui définissent les différents styles musicaux.

La musique générée par l'IA a déjà fait son chemin dans des secteurs commerciaux tels que la publicité, le cinéma et les jeux vidéo, où elle peut fournir des musiques d'histoire ou créer des bandes sonores à la demande. Dans des contextes plus artistiques, l'IA est utilisée par les musiciens et les compositeurs pour explorer de nouveaux types de composition. Par exemple, les outils d'IA peuvent proposer des progressions d'accords, créer des mélodies ou même remixer des morceaux existants, offrant ainsi aux musiciens de nouvelles opportunités créatives et créant de nouvelles combinaisons de sons et de genres.

Certains musiciens et compositeurs considèrent l'IA comme un partenaire collaboratif, leur permettant de repousser les limites de leur art et d'expérimenter des sons auxquels ils n'auraient peut-être pas pensé autrement. Par exemple, la musicienne Taryn Southern a collaboré avec une IA pour créer un album intitulé I AM AI, où l'appareil a généré la chanson tandis que Southern en a composé les paroles et le chant. Cette collaboration illustre comment l'IA peut stimuler la créativité humaine et produire des effets créatifs innovants.

Cependant, l'essor de l'IA dans le domaine musical soulève également des questions sur le rôle de l'artiste humain dans le système créatif. Si un appareil peut composer des morceaux dont le son est identique à celui des compositeurs humains, cela diminue-t-il la valeur de la musique créée par l'homme ? Ou la collaboration entre l'homme et l'appareil constitue-t-elle véritablement une nouvelle forme d'expression créative ? Ces questions appellent une réflexion philosophique plus vaste sur la nature même de la créativité et sur la valeur que nous accordons à la création humaine.

L'influence de l'IA dans le domaine de l'écriture et de la littérature est tout aussi remarquable. Les algorithmes de traitement automatique du langage naturel (TALN), comme GPT-3 (développé par OpenAI), ont validé leur capacité à générer de la prose, de la poésie, voire des textes cohérents et contextuellement pertinents. Ces structures d'IA peuvent analyser de grandes quantités de données textuelles et apprendre à produire des textes reproduisant divers modèles, tons et genres d'écriture.

En littérature, l'IA est utilisée pour aider les auteurs à trouver des idées, à générer des intrigues et même à composer des romans complets. Par exemple, elle peut aider les auteurs en suggérant des structures de phrases, en fournissant des remarques sur la grammaire et le style, ou encore en proposant des activités d'écriture créative. Dans certains cas, l'IA est utilisée pour générer du texte de manière autonome. Des expériences ont été menées sur des romans, des poèmes et des essais générés par l'IA, certains lecteurs ignorant qu'ils n'étaient pas écrits par un auteur humain.

L'implication de l'IA dans l'écriture a suscité des débats sur l'authenticité de la littérature. Certains critiques affirment que l'intensité émotionnelle et la perspicacité des œuvres écrites par des humains ne peuvent être reproduites par des machines, tandis que d'autres voient l'IA comme un outil d'exploration créative. L'IA est probablement capable de générer des textes grammaticalement corrects et stylistiquement cohérents, mais possède-t-elle la résonance émotionnelle et la perception qui caractérisent une littérature exceptionnelle ? Ou bien l'acte d'écrire, comme l'art et la musique, repose-t-il fondamentalement sur l'interaction entre la créativité humaine et les productions générées par les appareils ?

De plus, l'écriture générée par l'IA suscite des inquiétudes quant à la paternité et à la propriété intellectuelle. Si une machine produit une œuvre littéraire, à qui appartiennent les droits ? À l'auteur qui a fourni les indications et les conseils, aux développeurs qui ont créé l'IA, ou à l'IA elle-même ? Ces questions continueront de façonner le paysage juridique et éthique de l'IA dans les arts.

Outre les formes d'art traditionnelles, l'IA joue également un rôle majeur dans l'art numérique et interactif. L'art numérique, qui intègre souvent des éléments interactifs comme la réalité virtuelle (RV) et la réalité augmentée (RA), est transformé par des outils basés sur l'IA. Ces outils permettent aux artistes de créer des œuvres dynamiques et évolutives qui répondent aux mouvements, aux émotions et même aux choix du spectateur.

Les peintures de l'artiste et chercheur Mario Klingemann en sont un exemple. Ses œuvres générées par l'IA font souvent appel à des algorithmes qui interagissent avec le spectateur en temps réel. Dans son installation Neural Glitch, Klingemann utilise l'IA pour créer des représentations de formes humaines en constante évolution et imprécises, invitant le spectateur à interagir avec l'œuvre par le mouvement et le contact. Cette forme d'art remet en question la consommation passive de l'art visuel, invitant le spectateur à devenir un individu actif de manière innovante.

Les capacités d'interactivité et de personnalisation de l'IA ont également des implications pour l'avenir des jeux vidéo, des univers numériques et du divertissement en ligne. Les personnages et environnements pilotés par l'IA gagnent en réalisme et en réactivité, offrant aux utilisateurs des rapports personnalisés qui s'adaptent à leurs choix et à leurs actions. Ainsi, l'IA élargit la notion même d'œuvre d'art, repoussant les limites de la visualisation passive vers la participation et l'engagement actifs.

Alors que l'IA continue de jouer un rôle croissant dans les industries innovantes, elle soulève d'importantes questions morales. L'une des préoccupations les plus pressantes est celle de la paternité. Lorsqu'une IA crée une œuvre d'art, une musique ou un roman, à qui appartiennent les droits sur cette œuvre ? Est-ce l'IA elle-même, le programmeur qui l'a créée ou l'artiste qui a guidé sa création ? Ces questions deviennent de plus en plus complexes à mesure que les structures d'IA deviennent plus autonomes dans leurs stratégies créatives.

Une autre question morale concerne le potentiel de l'IA à remplacer les artistes et les travailleurs humains dans les industries innovantes. Si l'IA a la capacité d'améliorer la créativité humaine, elle offre également une opportunité de protection des emplois dans des domaines tels que la conception graphique, la composition musicale et l'écriture. Si les machines peuvent produire de l'art au même niveau que les artistes humains, ces derniers seront-ils marginalisés ou déclassés ? À l'inverse, certains affirment que l'IA libérera les artistes des tâches répétitives, leur permettant de se concentrer sur une créativité et une innovation de plus haut niveau.

De plus, les œuvres d'art générées par l'IA remettent en question les notions traditionnelles de créativité. Si un appareil peut générer des œuvres impossibles à distinguer des œuvres humaines, qu'en est-il du prix de la créativité humaine ? La créativité est-elle essentiellement une question de talent technique, ou est-elle intrinsèquement liée au plaisir, à l'émotion et à la conscience humaines ?

Le rôle de l'IA dans l'art et la créativité transforme notre compréhension de l'œuvre d'art, de ses créateurs et de sa valorisation. Des arts visuels à la musique, en passant par la littérature et les médias interactifs, l'IA ouvre de nouvelles perspectives à l'expression artistique tout en soulevant des questions complexes sur la paternité, l'originalité et la place de l'artiste. À mesure que l'IA s'intègre aux industries créatives, elle repoussera sans aucun doute les limites de l'art, obligeant la société à reconsidérer les normes traditionnelles de créativité et la place de l'artiste dans la construction des récits culturels.

L'impact de l'IA sur l'art et la créativité témoigne d'une évolution culturelle plus profonde vers une relation plus collaborative et dynamique entre humains et machines. En acceptant cette nouvelle réalité, nous pouvons ouvrir de nouvelles perspectives d'expression créative, développer notre créativité et explorer le potentiel de la collaboration homme-machine selon des approches autrefois inconcevables.

6.3. L'IA et les nouveaux récits humains

Alors que l'intelligence artificielle (IA) continue de s'adapter et de s'intégrer à de nombreux aspects de notre quotidien, elle transforme non seulement notre façon d'interagir avec la technologie, mais aussi notre façon de raconter des histoires. Dans les domaines de la littérature, du cinéma et des médias numériques, l'IA commence à jouer un rôle essentiel dans l'élaboration de nouveaux récits, qui explorent l'intersection entre l'humanité et le numérique, et ce faisant, remettent en question nos notions traditionnelles d'identité, de moralité et de mode de vie.

La capacité de l'IA à traiter de grandes quantités de statistiques, à reconnaître les styles et à prédire les conséquences en a fait un outil précieux pour les écrivains, les cinéastes et les concepteurs de jeux vidéo. Les systèmes d'IA peuvent analyser des récits existants, étudier les subtilités du développement humain, la structure de l'intrigue et les arcs émotionnels, puis générer des histoires uniques à partir de ces données. Des outils comme GPT-3 d'OpenAI, par exemple, ont été utilisés pour faciliter l'écriture de nouvelles, de scénarios et même de romans entiers, les machines produisant des textes imitant la créativité humaine.

Si les récits générés par l'IA ne captent pas encore toute l'intensité émotionnelle des témoignages humains, ils pourraient ouvrir de nouvelles perspectives à la narration. L'IA permet de générer des intrigues alternatives, des personnages complexes et des points de vue variés qui n'auraient peut-être pas été explorés autrement. En substance, l'IA contribue à démocratiser la narration, en la rendant plus accessible aux individus du monde entier pour expérimenter et créer leurs propres récits. À mesure que l'IA améliore sa compréhension des émotions et du contexte humains, les possibilités offertes par les témoignages générés par l'IA s'enrichissent.

L'un des aspects les plus intéressants de la narration par IA est l'émergence de la collaboration homme-machine. Plutôt que de remplacer les auteurs ou créateurs humains, l'IA agit comme co-auteur, contribuant à la génération d'idées, à la construction d'intrigues ou même à la transmission de commentaires en temps réel sur les tâches d'écriture. Dans ces collaborations, la machine agit comme un partenaire qui stimule la créativité de l'artiste humain, repoussant ainsi les limites de la narration traditionnelle.

Dans le monde littéraire, les auteurs expérimentent des outils d'IA pour créer des récits plus complexes. L'IA peut proposer des rebondissements, enrichir les personnages selon certaines tendances, voire proposer des fins alternatives. Ces collaborations permettent aux auteurs d'explorer de nouveaux thèmes et de créer des œuvres de fiction complexes et complexes. Par exemple, les auteurs de fiction technologique ont adopté l'IA pour explorer des mondes et des technologies futuristes, qui peuvent ensuite être intégrés à des récits explorant les implications morales, émotionnelles et philosophiques de ces innovations.

La procédure ne se limite pas aux styles narratifs textuels; l'IA fait également des vagues dans les industries du cinéma et du jeu vidéo. Les cinéastes utilisent l'IA pour générer des scripts, suggérer des dialogues, ou encore contribuer à l'infographie et à l'animation. Dans les jeux vidéo, l'IA permet de créer des récits dynamiques qui répondent aux choix des joueurs, en tenant compte de scénarios personnalisés et évolutifs. Le rôle croissant de l'IA dans ces médias contribue à des récits plus interactifs et attrayants pour le public, où la frontière entre auteur et client devient de plus en plus floue.

Les récits générés par l'IA offrent une opportunité fascinante de réinventer le concept même de l'expérience humaine. À mesure que l'IA maîtrise mieux les émotions et les comportements humains, elle a le potentiel de créer des souvenirs qui reflètent la complexité de la condition humaine selon de nouvelles approches. Ces récits pourraient explorer des questions existentielles sur l'identité, la liberté de choix et le sens de la vie, mais à partir de points de vue qui reflètent des points de vue conventionnels.

Par exemple, l'IA est déjà utilisée pour créer des environnements numériques où les utilisateurs peuvent interagir avec les personnages et influencer le cours de l'histoire. Dans de tels scénarios, les récits ne sont pas prédéterminés; ils se propagent dynamiquement, en fonction des choix des participants. Ce modèle a le potentiel de révolutionner la narration, en offrant des expériences profondément personnalisées et immersives qui reproduisent les différentes manières dont les individus évoluent dans le monde. L'IA pourrait nous permettre de vivre des souvenirs non pas comme des observateurs passifs, mais comme des participants actifs, explorant un monde où nos choix façonnent le récit.

De plus, l'IA est de plus en plus utilisée pour créer des histoires abordant de nouveaux thèmes et défis découlant de notre intégration à la technologie. L'un des exemples les plus marquants est le style de fiction IA, qui explore les implications sociétales, philosophiques et morales de l'intelligence artificielle avancée. Ces histoires posent des questions essentielles sur la place de l'IA dans notre destin: les machines seront-elles un jour dotées de connaissances ? Peut-on leur faire confiance ? Quel est l'impact pour l'humanité de la création d'êtres dont l'intelligence et les capacités nous surpassent ?

Dans ces récits, l'IA n'est pas toujours le méchant ou le sauveur: elle est souvent une force ambiguë, un miroir reflétant les espoirs, les peurs et les objectifs de l'humanité. L'évolution des relations entre humains et machines est explorée dans des œuvres de fiction qui abordent des questions telles que l'autonomie, la manipulation et l'effacement des frontières entre humains et machines. Ces témoignages reflètent une attention croissante portée aux complexités et aux incertitudes entourant l'IA, offrant un espace pour une réflexion critique sur l'avenir de l'existence humaine.

L'influence de l'IA sur les récits humains est sans doute particulièrement marquée dans le genre de la fiction technologique, où l'IA est depuis longtemps un thème pertinent. Par le passé, des auteurs de fiction technologique comme Isaac Asimov, Philip K. Dick et Arthur C. Clarke ont utilisé l'IA comme un moyen d'explorer les technologies futuristes et leurs conséquences pour la société. Leurs œuvres se sont souvent concentrées sur la relation entre l'humain et la machine, posant des questions de contrôle, d'autonomie et d'éthique.

Aujourd'hui, l'IA demeure un sujet clé de la fiction technologique contemporaine. Cependant, son rôle dans ces récits évolue, reflétant l'impact croissant des avancées mondiales en matière de maîtrise des appareils, de robotique et de réseaux neuronaux. À mesure que l'IA s'intègre davantage à la vie quotidienne, les auteurs de fiction technologique l'utilisent pour explorer des questions nouvelles et plus complexes sur la nature humaine.

Par exemple, les œuvres de fiction technologiques les plus récentes explorent la possibilité pour l'IA d'atteindre la concentration ou l'auto-identification. Ces récits abordent souvent les implications morales de la création de machines capables de penser, d'expérimenter et de prendre des décisions par elles-mêmes. Quels droits pourraient avoir ces machines ? Pourraient-elles coexister avec les humains ou pourraient-elles représenter une menace pour notre vie ? Ces questions reflètent une profonde inquiétude quant aux dangers potentiels d'un développement incontrôlé de l'IA.

D'autres récits explorent le concept d'IA comme outil de développement des talents humains. Dans ces récits, humains et machines collaborent pour créer une nouvelle forme de vie hybride, où les frontières entre intelligence organique et intelligence synthétique s'estompent de plus en plus. Ces témoignages envisagent un avenir où l'IA ne sera plus seulement un outil d'automatisation, mais un accompagnateur du développement des capacités, de la créativité et de l'information humaines.

Alors que l'IA continue de façonner les histoires que nous racontons, elle soulève également des questions éthiques cruciales sur le rôle des machines dans le processus créatif. L'un des principaux problèmes concerne la paternité. Lorsqu'une IA crée une histoire, à qui appartient-elle ? Est-ce le développeur de l'IA, l'individu qui saisit les paramètres, ou le système lui-même ? À mesure que l'IA gagne en autonomie dans ses efforts créatifs, ces questions de propriété et de contrôle se complexifient.

On s'inquiète également de la capacité de l'IA à perpétuer les préjugés et les inégalités dans la narration. Si l'IA est formée à des récits actuels reflétant des préjugés et des stéréotypes anciens, ces préjugés risquent de se perpétuer dans les mémoires générées par l'IA. Alors que l'IA continue de s'adapter, il sera crucial pour les créateurs de s'assurer que les témoignages qu'elle produit sont nombreux, inclusifs et représentatifs de toutes les voix.

Se pose également la question de l'authenticité. Si les machines sont capables de produire des témoignages impossibles à distinguer de ceux rédigés par des humains, quel est le coût de la créativité humaine ? L'implication d'un système dans le processus d'innovation diminue-t-elle l'importance de l'œuvre ? Ou ouvre-t-elle de nouvelles perspectives narratives, enrichissant le paysage créatif de nouvelles idées et perspectives ?

L'IA transforme profondément notre façon de raconter des histoires, de son rôle de co-auteur dans l'écriture et le cinéma à sa capacité à générer des récits humains entièrement nouveaux. Grâce à sa capacité à synthétiser et analyser des données, l'IA transforme le paysage créatif, offrant de nouvelles possibilités d'exploration et d'expression. En continuant de s'adapter, l'IA jouera un rôle de plus en plus important dans l'émergence de récits humains – des récits qui mettent en œuvre notre savoir-être humain, notre créativité et la vie dans un monde où les machines occupent une place essentielle.

L'intersection entre l'IA et la narration ouvre de nouvelles perspectives pour l'avenir de la culture humaine. L'IA a le pouvoir d'enrichir notre connaissance de nous-mêmes et de notre environnement mondial, en offrant de nouvelles histoires qui reflètent nos espoirs, nos peurs et nos désirs. Alors que nous naviguons dans les complexités de cette relation, il sera crucial d'explorer les implications éthiques, philosophiques et culturelles de l'IA dans la construction des récits qui façonnent notre expérience collective.

CHAPITRE 7

L'intelligence artificielle et l'avenir de l'humanité

7.1. Le monde en mutation grâce à l'IA

L'impact de l'intelligence artificielle (IA) sur le monde est l'un des phénomènes les plus profonds et transformateurs de l'histoire de l'innovation. De l'automatisation industrielle aux avancées dans le domaine de la santé, l'IA transforme presque tous les aspects de la vie humaine. En s'adaptant constamment, l'IA promet de dicter le fonctionnement des sociétés, des économies et de la vie quotidienne des individus.

L'IA a déjà commencé à influencer le paysage mondial à grande échelle. L'essor des technologies intelligentes, de l'apprentissage automatique et des systèmes autonomes a permis aux organisations et aux gouvernements de prendre des décisions plus éclairées, d'accroître leur efficacité opérationnelle et de créer de nouvelles perspectives d'innovation. Par exemple, des secteurs comme la fabrication, la logistique et l'agriculture ont bénéficié de l'automatisation alimentée par l'IA, ce qui a permis d'améliorer la productivité et de réduire les coûts. L'impact de l'IA sur le secteur de la santé a été tout aussi profond, les scientifiques utilisant des algorithmes avancés pour diagnostiquer les maladies, proposer des traitements et prédire l'évolution des patients avec une plus grande précision.

Cependant, l'impact de l'IA ne se limite pas à l'entreprise mondiale ou à la recherche clinique. Elle joue également un rôle essentiel dans notre quotidien, des assistants numériques qui nous aident à gérer nos emplois du temps aux systèmes de recommandation basés sur l'IA qui influencent ce que nous regardons, regardons et achetons. Ces technologies s'intègrent de plus en plus au tissu social, d'où l'importance de prendre conscience des changements sociétaux plus vastes qui s'opèrent.

L'un des principaux facteurs de transformation de l'IA réside dans ses conséquences sur le marché du travail. L'automatisation et l'IA devraient révolutionner de nombreux emplois traditionnels, notamment dans des secteurs comme la production, le transport et la vente au détail. Si cela représente des défis pour les travailleurs dont l'emploi est menacé, cela crée également de nouvelles opportunités pour ceux qui sauront s'adapter à ce paysage changeant.

Par exemple, l'IA est essentielle au développement de nouveaux rôles et domaines auparavant inaccessibles. Les data scientists, les spécialistes de l'éthique de l'IA et les ingénieurs en apprentissage automatique sont quelques-unes des nombreuses nouvelles professions nées de la révolution de l'IA. De plus, l'IA permet aux humains de travailler de manière plus flexible et productive grâce à des outils de collaboration améliorés, à l'amélioration des capacités de travail à distance et à la simplification des tâches administratives.

L'évolution vers un système financier axé sur l'IA soulève également des questions sur l'avenir du travail. Comment les sociétés garantiront-elles un partage équitable des bénéfices de l'IA ? L'essor de l'IA accentuera-t-il les inégalités actuelles ou favorisera-t-il un monde plus inclusif et prospère ? Ce sont des questions cruciales auxquelles les décideurs politiques, les chefs d'entreprise et les citoyens doivent répondre pour envisager l'avenir du travail dans un monde dominé par l'IA.

L'IA a également un impact considérable sur les systèmes et les relations sociales. À mesure que l'IA s'intègre davantage à la vie quotidienne, elle transforme la manière dont les individus interagissent entre eux et avec le monde qui les entoure. Par exemple, les systèmes basés sur l'IA, comme les réseaux sociaux, ont révolutionné les échanges verbaux, créant de nouveaux espaces d'expression, de connexion et de collaboration. Parallèlement, ces technologies ont suscité des inquiétudes quant à la confidentialité, à la sécurité des données et à la possibilité de manipulation.

L'IA transforme également le paysage politique, influençant les élections, l'opinion publique et la gouvernance. Les structures de surveillance, l'analyse prédictive et les procédures de sélection automatique basées sur l'IA sont de plus en plus utilisées par les gouvernements pour filtrer les citoyens et façonner la politique publique. Si ces technologies offrent un potentiel de performance et de transparence accru, elles soulèvent également d'importantes questions morales concernant la vie privée, les libertés civiles et la prise de conscience.

Dans le monde de l'éducation, l'IA transforme la manière dont le savoir est transmis et utilisé. Des algorithmes d'apprentissage personnalisés aux outils d'enseignement assisté par l'IA, les systèmes éducatifs du monde entier adoptent les technologies de l'IA pour améliorer la compréhension des résultats et faciliter l'accès à l'éducation. Cependant, l'utilisation massive de l'IA dans l'éducation soulève également des questions sur le rôle futur des enseignants et sur la capacité de l'IA à perpétuer les inégalités existantes en matière d'accès à une éducation de qualité.

Au-delà de son impact sur la société et le système financier, l'IA a également la capacité de relever certains des défis environnementaux les plus urgents au monde. Elle peut servir à optimiser la consommation d'énergie, à réduire le gaspillage et à améliorer la gestion des ressources. Par exemple, les algorithmes d'IA peuvent servir à anticiper les schémas de consommation d'électricité, permettant ainsi des réseaux plus intelligents capables de répondre en temps réel aux variations de la demande. L'IA est également utilisée dans les efforts de conservation, aidant les chercheurs à analyser la biodiversité, à suivre les populations de faune et de flore, et à prédire les conséquences du changement climatique sur les écosystèmes.

De plus, l'IA joue un rôle dans le développement de technologies durables, notamment les véhicules électriques et les systèmes d'énergie renouvelable. En optimisant les processus de production et en identifiant des solutions innovantes, l'IA contribue à la transition vers une économie mondiale plus durable et plus respectueuse de l'environnement.

Alors que l'IA continue de se renforcer, sa capacité à transformer le secteur est immense. Cependant, l'ampleur de ses effets reste incertaine et le chemin à parcourir n'est pas sans défis. Les préoccupations éthiques concernant le rôle de l'IA dans la société, ses effets sur la vie privée et l'autonomie humaine, ainsi que son potentiel de perturbation des systèmes sociaux actuels, doivent être prises en compte afin de maximiser ses avantages tout en atténuant ses risques.

L'avenir de l'IA et son impact sur le monde dépendront des choix que feront les citoyens. À mesure que l'IA gagnera en puissance, il appartiendra aux décideurs politiques, aux technologues et à la société dans son ensemble de façonner la manière dont ces technologies seront utilisées. En favorisant la collaboration, en promouvant un développement responsable et en veillant à ce que l'IA soit en phase avec les valeurs humaines, nous pouvons créer un avenir où l'IA améliorera le bien-être de chacun et contribuera à la construction d'un monde meilleur, juste, équitable et durable.

Le monde est déjà profondément façonné par l'IA, et son impact est appelé à croître. En continuant de s'adapter, l'IA apportera opportunités et défis, transformant la société, l'économie et l'environnement d'une manière que nous ne pouvons que commencer à comprendre. En réfléchissant attentivement aux conséquences de l'IA sur le pouvoir et en prenant des mesures proactives pour orienter son développement, nous pouvons garantir que son avenir profite à toute l'humanité.

7.2. Intelligence artificielle et inégalités sociales

L'essor de l'intelligence artificielle (IA) ouvre de nombreuses perspectives de croissance économique et de développement social, mais pose également d'énormes défis, notamment en matière d'inégalités sociales. De par sa nature même, l'IA a le pouvoir d'accentuer et d'atténuer les disparités au sein de la société. Comprendre comment l'IA peut influencer ces inégalités est essentiel pour garantir un avenir où les avancées technologiques profiteront à tous les segments de la société, au lieu de favoriser de manière disproportionnée certaines entreprises.

L'un des principaux domaines dans lesquels l'IA pourrait agir sur les inégalités sociales est celui du marché du travail. L'automatisation induite par l'IA a déjà commencé à moderniser certains types d'emplois, principalement ceux impliquant des tâches répétitives, comme les travaux de production ou administratifs. Ce déplacement pourrait creuser un fossé important entre ceux qui ont les compétences nécessaires pour s'adapter au nouveau marché du travail – notamment les postes en programmation IA, en analyse de données ou en apprentissage automatique – et ceux qui n'en ont pas. Les personnes à faibles revenus, notamment dans les régions moins technophiles, pourraient également avoir du mal à acquérir les compétences nécessaires pour accéder à ces nouveaux rôles, creusant ainsi le fossé entre les riches et les cadres.

La fracture numérique joue également un rôle essentiel dans la capacité de l'IA à atténuer ou à exacerber les inégalités. L'accès à la technologie, qu'il s'agisse d'Internet, d'ordinateurs hautes performances ou d'équipements pilotés par l'IA, reste difficile. Dans de nombreux secteurs, notamment dans les pays en développement, le manque d'accès à ces ressources peut freiner la mobilité économique et l'éducation, laissant les individus et les communautés face à un handicap général dans un monde de plus en plus influencé par l'IA. Ceux qui ne disposent pas des infrastructures nécessaires aux innovations en IA risquent d'être laissés pour compte dans un avenir où la technologie continue d'évoluer rapidement.

De plus, l'IA elle-même n'est pas exempte de biais. Les algorithmes qui pilotent les systèmes d'IA s'appuient souvent sur des données reflétant des préjugés et des inégalités historiques, notamment de genre, d'origine ethnique et économique. Si les systèmes d'IA sont entraînés sur des données biaisées, ils perpétueront, voire amplifieront, ces inégalités, affectant l'ensemble du processus, des pratiques de recrutement à l'accès aux soins de santé ou aux services financiers. Par exemple, les algorithmes d'IA utilisés dans le recrutement peuvent également privilégier par inadvertance des candidats correspondant au profil de ceux traditionnellement embauchés pour certains postes, renforçant ainsi les hiérarchies sociales et économiques existantes.

Résoudre ces problèmes nécessite une approche multidimensionnelle. Premièrement, un effort concerté est nécessaire pour garantir que les technologies d'IA soient conçues de manière inclusive. Cela implique de développer des ensembles de données plus diversifiés et de garantir la transparence et la responsabilité des structures d'IA. Par ailleurs, les gouvernements et les entreprises doivent s'efforcer de combler la fracture numérique en garantissant un accès équitable à la technologie et à l'éducation. Cela peut également impliquer d'investir dans les infrastructures, notamment dans les régions mal desservies, et de proposer des programmes éducatifs pour aider les individus à acquérir les compétences nécessaires à un marché du travail en pleine évolution.

Par ailleurs, des interventions en matière de couverture médiatique sont nécessaires pour adapter l'utilisation éthique de l'IA. Les gouvernements doivent élaborer et mettre en œuvre des lignes directrices empêchant l'IA d'aggraver les inégalités sociales. Cela peut également inclure l'élaboration de lignes directrices pour une utilisation responsable de l'IA dans des secteurs comme la santé, la justice pénale et le recrutement, où des algorithmes biaisés pourraient avoir de profondes répercussions sur la vie des individus. L'IA doit être exploitée de manière à promouvoir l'équité, la diversité et l'égalité des chances, non seulement pour quelques-uns, mais pour tous les membres de la société.

L'impact de l'IA sur les inégalités sociales dépendra de la manière dont elle sera mise en œuvre et réglementée. Il est impératif que l'IA soit développée en mettant l'accent sur l'équité, l'inclusion et la justice, en veillant à ce que ses bénéfices soient largement répartis. En abordant ces défis de front, nous œuvrerons pour un avenir où l'IA contribuera à une société plus juste et plus unie, au lieu de renforcer les divisions existantes.

7.3. Menaces et opportunités pour l'humanité

Alors que l'intelligence artificielle (IA) continue de s'adapter à un rythme effréné, son influence sur le destin de l'humanité constituera à la fois une opportunité prometteuse et un défi majeur. L'IA a le pouvoir de transformer chaque aspect de nos vies: des soins de santé à l'éducation, en passant par l'économie et même la nature des interactions humaines. Cependant, comme toute technologie puissante, l'IA présente d'importantes menaces si elle est mal utilisée ou mal réglementée. Comprendre ces deux aspects – les possibilités offertes par l'IA et les menaces qu'elle peut représenter – est essentiel pour faciliter son intégration dans la société et garantir que ses bienfaits soient exploités tout en minimisant ses risques.

L'IA offre des opportunités transformatrices qui amélioreraient considérablement la qualité de vie des humains du monde entier. Dans le domaine de la santé, l'IA a le potentiel de révolutionner la prévention, le diagnostic et le traitement des maladies. Les algorithmes d'apprentissage automatique sont déjà utilisés pour analyser les données médicales, permettant une détection plus précoce de maladies comme le cancer, les maladies cardiaques et les troubles neurologiques. En traitant de grandes quantités de données bien plus efficacement que les humains, les systèmes d'IA peuvent aider les professionnels de la santé à identifier des tendances et des informations qui pourraient autrement passer inaperçues. Cela devrait se traduire par de meilleurs résultats en matière de santé, des plans de traitement personnalisés et, à terme, une espérance de vie plus longue.

En formation, l'IA pourrait personnaliser l'apprentissage grâce à des méthodes jusqu'alors inaccessibles. Les systèmes de tutorat basés sur l'IA pourraient s'adapter aux besoins individuels des étudiants, en leur fournissant des retours en temps réel et des instructions personnalisées. Cette approche personnalisée de l'apprentissage pourrait contribuer à combler les lacunes et permettre aux étudiants de tous horizons d'exploiter pleinement leurs capacités. De plus, l'IA peut être utilisée pour optimiser les responsabilités administratives, libérant ainsi les enseignants et améliorant l'apprentissage global de l'expérience.

Les opportunités financières offertes par l'IA sont également considérables. L'automatisation des tâches et des méthodes peut entraîner des gains de productivité importants, ce qui peut freiner la croissance économique. Des secteurs comme l'industrie manufacturière, la logistique et l'agriculture bénéficient déjà des avantages de l'automatisation basée sur l'IA, qui permet de rationaliser les opérations et de réduire les coûts. De plus, l'IA pourrait créer de nouveaux secteurs et de nouvelles opportunités d'emploi, notamment dans des domaines tels que le développement de l'IA, les sciences de l'information et la robotique.

L'IA a également le potentiel de répondre à plusieurs des défis mondiaux les plus urgents auxquels l'humanité est confrontée, notamment le changement climatique. Les modèles basés sur l'IA peuvent être utilisés pour prédire les conditions météorologiques, optimiser la consommation d'énergie et créer des pratiques plus durables dans l'agriculture et l'industrie. L'apprentissage automatique peut contribuer à surveiller et à réduire les émissions de carbone, tandis que les systèmes basés sur l'IA peuvent être utilisés pour gérer plus efficacement les ressources énergétiques renouvelables. Ainsi, l'IA pourrait jouer un rôle clé dans la réduction de l'impact environnemental de l'activité humaine et l'atténuation des changements climatiques.

Si les possibilités offertes par l'IA sont vastes, les dangers et les menaces qu'elle représente pour l'humanité sont tout aussi vastes. L'une des principales préoccupations concerne la suppression d'emplois. Avec le développement continu de l'IA, l'automatisation menace de remplacer de nombreux emplois traditionnellement occupés par des humains, principalement dans des secteurs comme la production, le service client et les transports. Les conséquences financières de cette suppression d'emplois seront considérables, surtout si les travailleurs licenciés ne sont pas formés ou requalifiés pour de nouveaux rôles. Si les bienfaits de l'IA ne sont pas équitablement répartis, cela pourrait entraîner un chômage important, des inégalités économiques et des troubles sociaux.

Un autre danger de l'IA réside dans sa capacité à concentrer le pouvoir entre les mains de certaines entreprises et gouvernements. À mesure que les systèmes d'IA deviennent plus sophistiqués, le contrôle de cette technologie pourrait être monopolisé par un petit nombre d'entités. Cette concentration de pouvoir pourrait entraîner des abus de l'IA, notamment la surveillance, la manipulation sociale, voire l'introduction d'armes autosuffisantes. Les implications morales de la surveillance et du contrôle induits par l'IA sont considérables, en particulier à une époque où la vie privée est déjà menacée.

Se pose également la question des biais et de la discrimination liés à l'IA. La valeur des systèmes d'IA dépend des données sur lesquelles ils peuvent s'appuyer, et si ces données révèlent des biais sociétaux existants, l'IA peut les perpétuer et les amplifier. La discrimination dans des domaines tels que l'embauche, l'application de la loi et l'évaluation du crédit est une réelle préoccupation, l'IA étant susceptible de renforcer les inégalités raciales, de genre et socio-économiques. Cela pourrait exacerber les disparités existantes et entraîner une marginalisation similaire des groupes vulnérables.

De plus, le développement d'armes autonomes alimentées par l'IA offre une perspective inquiétante. Si l'IA peut servir à améliorer la défense et la sécurité, l'introduction de drones, de robots et d'autres technologies militaires autonomes soulève des questions cruciales sur la responsabilité, le contrôle et la capacité à réagir aux effets involontaires. Les armes autonomes pourraient être utilisées dans des conflits sans intervention humaine, ouvrant la voie à une nouvelle génération de guerres difficiles à maîtriser.

Enfin, il y a le risque existentiel que l'IA représente pour l'humanité tout entière. Bien que cette situation soit hypothétique, de nombreux professionnels s'inquiètent du développement d'IA superintelligentes – des machines dépassant l'intelligence humaine et potentiellement incontrôlables. On craint qu'une telle IA privilégie ses propres désirs au détriment du bien-être humain, ce qui pourrait entraîner des conséquences catastrophiques. Bien que la technologie soit encore loin d'atteindre ce stade d'intelligence, cette possibilité demeure un sujet de débat et de controverse important au sein du réseau d'IA.

Pour garantir que l'IA progresse et soit déployée de manière à maximiser ses avantages tout en minimisant ses risques, il est crucial de mettre en œuvre une législation prudente, des règles éthiques et une coopération internationale. Décideurs politiques, technologues et éthiciens doivent collaborer pour créer des cadres favorisant la transparence, la responsabilité et l'équité dans le développement de l'IA. Cela implique de s'attaquer à des problèmes tels que les biais de l'IA, les questions de confidentialité et la possibilité de déplacement des tâches via des programmes de reconversion et des filets de protection sociale.

De plus, les risques liés à l'IA, notamment la militarisation de structures autonomes ou la concentration du pouvoir entre les mains de quelques entreprises, nécessitent des accords et une réglementation à l'échelle mondiale. Tout comme les armes nucléaires ont été soumises à des traités internationaux, les technologies d'IA, en particulier celles liées à des programmes militaires, doivent être étroitement surveillées et gérées afin d'éviter toute utilisation abusive.

L'avenir de l'IA et de l'humanité dépendra de la manière dont ces défis seront gérés. Les opportunités de développement humain sont considérables, mais sans une attention particulière aux dangers associés, l'IA risque d'exacerber les problèmes existants ou d'en créer de nouveaux. En s'attaquant de front à ces menaces, la société peut exploiter pleinement le potentiel de l'IA tout en se prémunissant contre ses risques, garantissant ainsi qu'elle serve les intérêts de l'humanité pour les générations futures.

7.4. Gouvernance mondiale et IA

Alors que les technologies d'intelligence artificielle évoluent à un rythme sans précédent, leur impact transformateur dépasse les frontières, les économies et les cultures, exigeant un dispositif coordonné et global de gouvernance mondiale. La nécessité d' une gouvernance mondiale de l'IA découle de sa nature intrinsèquement transnationale: les algorithmes, les flux de données et les systèmes décisionnels ne sont plus limités à la juridiction d'un seul État. Cela crée de nouvelles exigences en matière de réglementation, d'éthique, de responsabilité et d'application de la loi. Par conséquent, la gouvernance mondiale doit s'efforcer d'équilibrer innovation et surveillance, de promouvoir un accès équitable et d'éviter les oppositions et les abus géopolitiques.

L'un des principaux moteurs de la gouvernance mondiale de l'IA est l'absence de normes communes et de cadres juridiques régissant son développement et son déploiement.

Actuellement, les pays et les agences suivent des voies réglementaires disparates, souvent façonnées par des intérêts locaux, des priorités économiques ou des idéologies politiques. Par exemple, le Règlement général sur la protection des données (RGPD) de l'Union européenne met l'accent sur le droit à l'information et à la vie privée, tandis que le modèle réglementaire chinois se concentre sur la souveraineté des données et la surveillance de l'État. Les États-Unis, en revanche, ont traditionnellement privilégié l'innovation avec une réglementation assez souple. Ces modèles contrastés engendrent des frictions, des arbitrages réglementaires et un manque d'exigences éthiques harmonisées dans le déploiement mondial de l'IA. L'absence de lignes directrices cohérentes accroît également le risque que l'IA soit utilisée à des fins de surveillance, de désinformation, d'armes auto-entretenues et de répression virtuelle.

La gouvernance mondiale doit donc viser à établir des normes universelles et des mécanismes de surveillance transcendant les barrières nationales. Des initiatives telles que les Principes de l'OCDE sur l'IA et la Recommandation de l'UNESCO sur l'éthique de l'intelligence artificielle constituent des premiers pas vers l'articulation d'un ensemble de valeurs partagées, parmi lesquelles la transparence, la responsabilité, l'équité et une conception centrée sur l'humain. Cependant, ces cadres ne sont pas contraignants et manquent souvent de mécanismes d'application. Une mission essentielle consiste à transformer ces normes volontaires en normes mondiales applicables, sans freiner l'innovation ni creuser la fracture numérique entre les pays technologiquement avancés et les économies en développement.

Sur le plan institutionnel, la gouvernance mondiale de l'IA pourrait nécessiter la création ou l'élargissement d'organismes multilatéraux capables d'imposer des normes, de faciliter la coopération et de régler les conflits. Une possibilité serait de créer une agence spécialisée sous l'égide des Nations Unies, telle que l' Agence internationale de l'énergie atomique (AIEA), chargée de surveiller les risques liés à l'IA et leur conformité. Une autre stratégie pourrait consister à intégrer des observatoires ou des consortiums internationaux d'IA qui mutualiseraient statistiques, études et connaissances, tout en imposant des protocoles de protection et d'équité. Ces organismes pourraient non seulement diffuser les avancées technologiques, mais aussi analyser leurs impacts sociétaux, évaluer les risques comportementaux et accompagner les pays sous-représentés dans le développement de leurs compétences.

Pourtant, la gouvernance mondiale de l'IA est complexe. Les grandes nations considèrent la domination de l'IA comme un atout stratégique et une source de puissance nationale, ce qui rend la coopération difficile. La course à la supériorité de l'IA entre les États-Unis et la Chine, par exemple, se joue souvent en termes de sécurité nationale, d'impact économique et de contrôle idéologique, ce qui engendre méfiance et fragmentation. Pour être efficace, la gouvernance mondiale doit favoriser l'acceptation, le sens des responsabilités et une compréhension commune des risques existentiels à long terme posés par une IA non réglementée. La transparence des rapports, les accords de partage d'informations et les systèmes d'innovation collaborative sont essentiels à la construction d'un tel accord. Les efforts diplomatiques doivent également aborder les droits de propriété intellectuelle, les transferts de technologie et l'accès équitable aux bénéfices de l'IA.

L'inclusion est un autre élément essentiel de la gouvernance internationale de l'IA. Les systèmes de gouvernance doivent garantir la représentation des voix des pays du Sud, des communautés autochtones et des populations marginalisées. De nombreux pays en développement risquent d'être laissés pour compte dans la révolution de l'IA en raison de la perte d'infrastructures, d'informations ou d'investissements. Sans coopération internationale, cette fracture technologique risque d'exacerber encore les inégalités et l'exclusion. Les mécanismes de gouvernance doivent donc inclure des mécanismes de partage des technologies, de formation et d'accompagnement pour un développement local responsable de l'IA.

En outre, la gouvernance mondiale doit faire face à des situations complexes et émergentes, notamment l'impact de l'IA sur les marchés du travail, la désinformation et son rôle dans l'élaboration du discours politique. Par exemple, la modération algorithmique des contenus et les structures de recommandation sur les plateformes internationales de médias sociaux peuvent affecter l'opinion publique, les élections et la cohésion sociale. De même, les deepfakes et les médias artificiels générés par l'IA représentent de nouvelles menaces pour la réalité et la foi dans les sociétés démocratiques. Des protocoles et accords internationaux doivent être élaborés pour limiter l'utilisation abusive de ces outils tout en préservant la liberté d'expression.

La gouvernance de l'IA recoupe également la gouvernance climatique. La formation de grands modèles d'IA consomme des ressources et une puissance de calcul considérables. Une coordination mondiale est donc nécessaire pour garantir la durabilité environnementale des infrastructures d'IA. Cela implique de promouvoir des algorithmes éco-énergétiques, des centres de données durables et des pratiques d'IA écologiques conformes aux ambitions climatiques mondiales.

L'avenir de la gouvernance mondiale de l'IA repose sur un équilibre délicat: encourager l'innovation tout en préservant les droits humains fondamentaux; respecter la souveraineté nationale tout en s'attaquant aux dangers transnationaux; et promouvoir une prospérité partagée sans renforcer les inégalités structurelles. Cela nécessitera une gestion visionnaire, un engagement diplomatique soutenu et une prise de conscience du fait que l'IA, en tant que force transformatrice, doit faire l'objet d' une obligation mondiale.

Sans une telle gouvernance, le développement incontrôlé de l'intelligence artificielle pourrait engendrer une instabilité mondiale, des monopoles technologiques, voire un manque d'initiative humaine. Mais grâce à une coopération mondiale bienveillante, inclusive et proactive, l'IA peut devenir un outil capable de résoudre les plus grands défis de l'humanité, ouvrant la voie à une ère de progrès partagé fondé sur l'éthique, l'équité et la paix.

CHAPITRE 8

Intelligence artificielle et humanité: perspectives d'avenir

8.1. Nouvelles opportunités et risques

Les progrès rapides de l'intelligence artificielle (IA) façonnent un avenir riche en opportunités. Des avancées cliniques aux nouveaux modèles financiers, l'IA a le pouvoir de transformer chaque aspect de la société. Cependant, ces possibilités s'accompagnent de risques considérables qui doivent être gérés avec prudence pour garantir que l'IA profite à l'humanité sans causer de dommages accidentels. Comprendre les nouvelles possibilités offertes par l'IA et les risques qu'elle représente est essentiel pour maîtriser son impact futur sur le monde.

La capacité de l'IA à révolutionner les secteurs d'activité est sans doute l'un de ses aspects les plus intéressants. Dans le secteur de la santé, les technologies basées sur l'IA sont déjà utilisées pour améliorer les diagnostics, élargir les traitements personnalisés et même prédire les maladies avant l'apparition des symptômes. En explorant de vastes ensembles de données, les algorithmes d'IA peuvent identifier des tendances jusqu'alors invisibles aux cliniciens, permettant ainsi des interventions précoces et des diagnostics plus précis. Par exemple, les modèles d'apprentissage automatique sont utilisés pour détecter les cancers, prédire les maladies coronariennes et identifier les troubles neurologiques comme la maladie d'Alzheimer, permettant ainsi aux médecins de traiter ces affections à un stade précoce et plus facile à traiter. À terme, l'IA pourrait permettre de créer des plans de soins personnalisés basés sur le patrimoine génétique, le mode de vie et le dossier médical d'une personne, offrant ainsi une nouvelle génération de médecine de précision.

L'IA révolutionne également le fonctionnement des équipes, offrant de nouvelles perspectives d'efficacité, de productivité et d'innovation. Dans des secteurs comme la fabrication, le transport et la logistique, l'automatisation induite par l'IA optimise les chaînes de livraison, réduit le gaspillage et améliore la prise de décision. Robots et machines intelligents prennent en charge des tâches répétitives, dangereuses et chronophages, permettant aux employés de prendre conscience d'aspects plus complexes et innovants de leur travail. Dans le secteur économique, l'IA est utilisée pour détecter les transactions frauduleuses, anticiper les tendances du marché et contribuer aux stratégies d'investissement, permettant ainsi aux entreprises de prendre des décisions plus éclairées et plus rentables.

De plus, l'IA transforme notre façon d'interagir avec les générations au quotidien. Des assistants numériques comme Siri et Alexa aux suggestions personnalisées sur des plateformes comme Netflix et Amazon, l'IA améliore l'expérience utilisateur en proposant des contenus et des services sur mesure. Ces systèmes, pilotés par l'IA, apprennent en permanence des choix et des comportements des utilisateurs, améliorant ainsi leur précision et leur efficacité au fil des ans. Dans le domaine de l'éducation, l'IA permet de créer des dossiers d'apprentissage personnalisés pour les élèves, en s'adaptant à leurs forces et faiblesses individuelles et en contribuant à combler les lacunes pédagogiques du secteur.

Outre l'amélioration des performances et de la productivité, l'IA peut répondre à certains des défis mondiaux les plus urgents de l'humanité. Dans la lutte contre le changement climatique, les modèles basés sur l'IA peuvent être utilisés pour anticiper les tendances environnementales, optimiser la consommation d'énergie et créer des pratiques agricoles plus durables. L'acquisition de connaissances par les machines à partir d'algorithmes permet de surveiller la déforestation, de suivre les populations d'animaux sauvages et de réduire les émissions de carbone, contribuant ainsi à atténuer l'impact environnemental des activités humaines. L'IA peut également contribuer à la réaction aux catastrophes, en utilisant l'analyse prédictive pour aider les gouvernements et les organismes publics à réagir plus efficacement aux catastrophes naturelles telles que les ouragans, les tremblements de terre et les incendies de forêt.

Si les possibilités offertes par l'IA sont considérables, les dangers qu'elle représente sont tout aussi profonds. L'un des problèmes les plus urgents réside dans la capacité de l'IA à exacerber les inégalités sociales. À mesure que les technologies de l'IA progressent, le risque grandit que les bienfaits de l'IA se concentrent entre les mains de quelques grandes entreprises ou pays riches, laissant de côté les communautés marginalisées et les pays moins avancés. Ce « fossé de l'IA » pourrait creuser l'écart entre riches et pauvres, créant une nouvelle forme d'inégalité fondée sur l'accès aux technologies de pointe. Ceux qui n'ont pas accès aux soins de santé, à l'éducation ou aux possibilités financières grâce à l'IA pourraient être encore plus marginalisés, ce qui creuserait les disparités sociales et économiques.

Un autre risque majeur est le risque de chômage de masse lié à l'automatisation des emplois. À mesure que l'IA se perfectionne, le nombre de tâches pouvant être automatisées augmente, ce qui pourrait entraîner le déplacement de millions d'employés dans le monde. Des secteurs comme l'industrie manufacturière, le service client, et même certains aspects de la santé et du droit, subissent déjà des pertes d'emplois dues à l'automatisation. Si l'IA a la capacité de créer de nouveaux emplois, ces postes peuvent également requérir des compétences que les personnes déplacées ne possèdent pas, ce qui entraîne une inadéquation entre l'offre et la demande de main-d'œuvre. Cela devrait entraîner un chômage massif et des troubles sociaux jusqu'à ce que des programmes de reconversion et de requalification adéquats soient mis en place localement pour aider les personnes à s'orienter vers de nouvelles carrières.

L'IA suscite également d'importantes préoccupations éthiques, notamment dans des domaines tels que la vie privée, la surveillance et la prise de décisions. À mesure que les systèmes d'IA s'intègrent davantage à notre quotidien, ils collecteront de grandes quantités de données sur les individus, notamment leurs choix personnels, leurs comportements, et même des données sensibles comme des faits scientifiques ou leur réputation économique. Cela soulève des inquiétudes quant à la sécurité des données et au risque d'utilisation abusive des données personnelles. De plus, l'utilisation croissante de l'IA dans les systèmes de surveillance soulève des questions sur la vie privée et sur la capacité des gouvernements autoritaires à divulguer et à manipuler la vie des citoyens.

L'utilisation de l'IA dans les techniques de prise de décision, notamment dans des domaines comme la justice pénale, le recrutement et le crédit, pose également d'importants dilemmes éthiques. Les algorithmes d'IA sont d'autant plus indépendants que les dossiers qu'ils maîtrisent sont importants, et si ces dossiers révèlent des biais sociétaux, les structures d'IA peuvent perpétuer, voire accroître, la discrimination. Par exemple, il a été démontré que les outils de recrutement basés sur l'IA privilégient les candidats masculins aux candidates féminines dans des secteurs d'activité positifs, tandis que l'IA utilisée dans les systèmes de justice pénale peut également cibler de manière disproportionnée les organismes œuvrant auprès des minorités. Garantir que les systèmes d'IA soient équitables, transparents et exempts de biais est une tâche cruciale à laquelle il faut s'atteler pour éviter que ces technologies ne renforcent les inégalités existantes.

Un autre risque associé à l'IA est la perte de contrôle sur les structures autonomes. À mesure que l'IA progresse, la capacité des machines à fonctionner sans surveillance humaine devient de plus en plus problématique. Des voitures autonomes, des drones et même des structures militaires sont déjà déployés dans des systèmes mondiaux réels, mais la perte d'intervention humaine soulève des questions cruciales quant à la responsabilité. Si un appareil autonome effectue une sélection entraînant des dommages ou des préjudices, qui est responsable ? Le fabricant ? Le développeur ? L'opérateur ? Ces questions doivent être abordées afin de garantir une utilisation précise et éthique de la technologie de l'IA.

Enfin, la capacité d'une IA superintelligente – des machines dépassant l'intelligence humaine – représente un danger existentiel pour l'humanité. Bien que ce scénario reste hypothétique, de nombreux experts en IA ont mis en garde contre les dangers du développement de structures superintelligentes échappant au contrôle humain. Une IA superintelligente pourrait prendre des décisions contraires aux valeurs humaines, mettant en péril la survie de l'humanité. Bien que ce scénario soit encore loin d'être une réalité, il est essentiel de garder à l'esprit les implications à long terme de l'IA et de prendre des mesures pour garantir son évolution responsable.

L'avenir de l'IA offre à la fois des opportunités inégalées et des risques considérables. Pour exploiter pleinement le potentiel de l'IA tout en minimisant ses risques, il est essentiel d'adopter une approche équilibrée qui privilégie le développement responsable, les questions éthiques et l'impact sociétal. Décideurs politiques, technologues et éthiciens doivent collaborer pour créer des cadres favorisant la transparence, l'équité et la responsabilité dans le développement de l'IA.

Les principales mesures visant à atténuer les risques liés à l'IA consistent à investir dans des programmes de formation et d'éducation pour préparer les employés au marché des processus de transformation, à instaurer de solides protections de la vie privée afin de protéger les données non publiques et à élaborer des lignes directrices mondiales pour garantir que les technologies d'IA soient développées et utilisées de manière bénéfique pour l'humanité tout entière. De plus, la recherche en IA doit se concentrer sur le développement de systèmes clairs, explicables et exempts de biais, afin de garantir que les technologies d'IA soient en phase avec les valeurs et les aspirations humaines.

L'avenir de l'IA dépendra de la manière dont elle sera façonnée par la société. Bien gérée, l'IA a le potentiel de transformer le monde, en améliorant les soins de santé, l'éducation et l'environnement. Cependant, pour pleinement concrétiser ces bienfaits, il est essentiel de gérer les risques et les défis posés par l'IA, en veillant à ce qu'elle serve les grands intérêts de l'humanité et contribue à un avenir plus équitable, plus juste et plus durable.

8.2. Recherche avancée en IA

Le domaine de l'intelligence artificielle (IA) évolue à un rythme exceptionnel, et à mesure que les compétences en IA se développent, le champ des recherches s'élargit. Les recherches avancées en IA touchent de nombreux domaines, allant de l'exploration théorique aux applications pratiques dans divers secteurs.

Au cœur des études sur l'IA se trouve la recherche d'algorithmes, de modèles et de cadres de travail plus avancés, capables de simuler une cognition proche de celle de l'humain et au-delà. Les avancées théoriques sont cruciales pour optimiser l'efficacité et la capacité des structures d'IA à rechercher, raisonner et prendre des décisions. Un axe de recherche clé est le développement de modèles d'acquisition de connaissances plus performants et approfondis, conçus pour imiter les réseaux neuronaux du cerveau. Ces modèles ont déjà révolutionné des domaines tels que la popularité des images, le traitement du langage naturel et les algorithmes de paris sportifs, mais les chercheurs s'efforcent constamment d'améliorer leur capacité à reconnaître des modèles statistiques complexes.

Un autre domaine essentiel de la recherche en IA est l'étude de l'apprentissage par renforcement, qui permet aux machines d'apprendre en interagissant avec leur environnement et en recevant des retours. L'apprentissage par renforcement s'est révélé prometteur dans divers domaines, notamment la robotique, où les structures d'IA apprennent à effectuer des tâches complexes comme marcher, voler ou assembler des objets par essais et erreurs. Cette approche a également été utilisée pour optimiser des stratégies de jeu, notamment AlphaGo, qui a battu des champions humains au jeu de société historique Go. L'objectif de la recherche sur l'apprentissage par renforcement est de rendre les machines plus adaptatives et autonomes, leur permettant de résoudre des tâches en temps réel et d'améliorer leurs performances au fil des ans.

Des recherches sont également en cours pour développer des réseaux neuronaux plus efficaces et évolutifs, capables de traiter de grandes quantités de données avec moins de puissance de calcul. L'entraînement des systèmes d'IA nécessite d'énormes quantités de données et de ressources, ce qui peut être coûteux et chronophage. Les avancées dans des domaines tels que les réseaux neuronaux clairsemés, l'informatique quantique et l'optimisation matérielle sont essentielles pour relever ces défis et rendre les systèmes d'IA plus accessibles et plus performants.

L'un des domaines les plus ambitieux et controversés de l'étude de l'IA est la recherche d'une intelligence artificielle générale (IAG). Ce terme désigne un dispositif capable de comprendre, de rechercher et d'exploiter l'information dans le cadre d'une grande variété de tâches, à l'instar de l'intelligence humaine. L'IAG reste un objectif théorique, et si les structures d'IA de pointe excellent dans des tâches spécifiques et spécialisées, elles manquent de la puissance et de l'adaptabilité de la cognition humaine. La recherche en IAG se concentre sur le développement d'algorithmes et d'architectures capables d'analyser et de généraliser l'information de manière à permettre aux machines d'accomplir toutes les tâches intellectuelles qu'un humain peut accomplir.

Ces études sont confrontées à des défis considérables, notamment pour reproduire les approches complexes et nuancées des concepts, des croyances et des décisions humaines. Contrairement aux systèmes d'IA spécialisés qui excellent dans un seul domaine, l'IAG pourrait nécessiter une connaissance approfondie du domaine, la capacité de raisonner de manière abstraite et la capacité d'auto-amélioration. Les chercheurs de ce domaine étudient comment construire des systèmes d'IA capables de raisonner, de résoudre des problèmes et d'apprendre de manière autonome dans des environnements dynamiques. Parmi les principales techniques utilisées figurent les architectures cognitives, le raisonnement symbolique et les modèles hybrides combinant apprentissage profond et approches symboliques.

Les capacités de l'IAG augmentent à la fois le plaisir et la situation. Si elle peut engendrer des innovations et des avancées révolutionnaires, elle comporte également des risques importants, notamment en matière de sécurité et de contrôle. Une IAG surintelligente pourrait vouloir surpasser l'intelligence humaine, prenant des décisions que les gens ne peuvent pas réaliser ou anticiper, ce qui soulève des questions morales, criminelles et existentielles. Par conséquent, de nombreuses études modernes sur l'IAG se concentrent non seulement sur le développement de l'IAG elle-même, mais aussi sur la création de cadres permettant de l'aligner sur les valeurs humaines et d'assurer son intégration harmonieuse dans la société.

L'intégration de l'IA à la robotique est l'un des domaines de recherche les plus prometteurs, avec des capacités dans divers secteurs, notamment l'industrie manufacturière, la santé, les transports et l'exploration spatiale. Les chercheurs en robotique travaillent au développement de robots de pointe capables de percevoir leur environnement, de prendre des décisions et d'interagir efficacement avec les humains. Ces robots sont conçus pour fonctionner de manière autonome, utilisant l'IA pour naviguer dans des environnements complexes, accomplir des tâches et s'adapter aux changements de situation.

Dans le domaine des véhicules autonomes, l'IA joue un rôle majeur en permettant aux véhicules autonomes de circuler en toute sécurité sur les routes, sans intervention humaine. Les chercheurs développent des systèmes de perception avancés qui permettent aux véhicules de repérer les obstacles, de reconnaître les panneaux de signalisation et de prendre des décisions en un clin d'œil, basées sur des données en temps réel. Le développement de drones autonomes alimentés par l'IA connaît également une croissance fulgurante, avec des applications allant de la livraison de marchandises à la surveillance en passant par l'assistance aux interventions d'urgence.

La robotique progresse également dans le domaine clinique, où des robots chirurgicaux dotés d'IA sont développés pour faciliter les interventions complexes. Ces robots peuvent travailler avec une précision exceptionnelle, réduisant ainsi le risque d'erreur humaine et améliorant les résultats pour les patients. De plus, l'IA est utilisée pour créer des robots capables d'assister les personnes âgées ou handicapées dans des tâches telles que la mobilité, la communication et les activités sportives quotidiennes.

Dans l'exploration spatiale, des robots et des drones dotés d'IA sont utilisés pour explorer des planètes, des lunes et des astéroïdes lointains. Ces systèmes autonomes sont capables de mener des expériences médicales, de collecter des données, voire d'assurer la maintenance d'engins spatiaux. L'intégration de l'IA à la robotique devrait considérablement améliorer la capacité de l'humanité à découvrir et à interagir avec des environnements trop risqués ou trop éloignés pour la présence humaine.

L'un des domaines les plus prometteurs de la recherche en IA réside dans l'intersection de l'intelligence artificielle et de l'informatique quantique. L'informatique quantique exploite les principes de la mécanique quantique pour réaliser des calculs impossibles ou trop longs pour les ordinateurs classiques. Grâce à sa capacité à traiter simultanément d'énormes quantités de données, l'informatique quantique est très prometteuse pour accélérer la recherche en IA et permettre aux machines de résoudre des problèmes actuellement hors de leur portée.

L'acquisition de connaissances sur les machines quantiques est un domaine en plein essor qui cherche à combiner la puissance de l'informatique quantique avec des techniques d'IA avancées. Les chercheurs étudient comment les algorithmes quantiques peuvent être utilisés pour améliorer les modèles d'apprentissage automatique, optimiser l'analyse des données et optimiser les performances de l'IA. Bien que les ordinateurs quantiques en soient encore à leurs balbutiements, les avancées dans ce domaine devraient accélérer considérablement la formation des modèles d'IA, résoudre plus efficacement les problèmes d'optimisation et permettre aux structures d'IA d'analyser avec plus de précision des ensembles de données plus volumineux.

L'informatique quantique pourrait également améliorer la capacité de l'IA à simuler des structures complexes, notamment des molécules, des processus organiques et des systèmes à grande échelle. Cela devrait permettre des avancées majeures dans la découverte de médicaments, la science des substances et la modélisation météorologique, entre autres domaines. La convergence de l'IA et de l'informatique quantique représente une voie prometteuse pour les études futures, avec le potentiel de révolutionner simultanément ces deux domaines.

À mesure que l'IA continue de progresser, les défis éthiques et réglementaires deviennent plus complexes et urgents. La recherche en éthique de l'IA explore les moyens de garantir que les systèmes d'IA soient développés et utilisés conformément aux valeurs humaines et aux normes sociétales. L'équité et la partialité constituent un domaine clé de reconnaissance, car les systèmes d'IA peuvent perpétuer involontairement les inégalités existantes s'ils sont conçus à partir de données biaisées. Les chercheurs travaillent au développement d'algorithmes clairs, explicables et responsables, garantissant que les décisions de l'IA soient comprises et fiables.

Outre l'équité, les questions de confidentialité constituent un enjeu majeur dans les études sur l'IA. À mesure que les systèmes d'IA s'intègrent à la vie quotidienne, ils accumulent des quantités considérables d'informations, soulevant des questions sur la manière dont les données personnelles sont collectées, stockées et utilisées. Les chercheurs travaillent au développement de techniques d'IA respectueuses de la confidentialité, notamment l'acquisition de données fédérées, qui permettent de traiter les données sans les partager ni les stocker sur des serveurs centralisés, préservant ainsi la confidentialité des utilisateurs tout en permettant aux systèmes d'IA d'apprendre.

Un autre domaine d'étude important est l'élaboration de cadres réglementaires pour l'IA. Décideurs politiques et chercheurs collaborent pour élaborer des lois et des directives régissant le développement, le déploiement et l'utilisation des technologies d'IA. Ces cadres visent à garantir que l'IA évolue de manière précise, éthique et responsable, en tenant compte des risques potentiels et des impacts sociétaux. À mesure que les technologies d'IA gagnent en importance et s'intègrent à la vie quotidienne, le besoin d'une réglementation stricte ne fera que croître.

La recherche avancée en IA explore certaines des frontières les plus fascinantes et transformatrices de la technologie et de l'innovation. Des avancées théoriques dans l'apprentissage automatique à l'intégration de l'IA avec la robotique, l'informatique quantique et les questions éthiques, le domaine des études sur l'IA connaît une croissance rapide et recèle un potentiel considérable. Cependant, ces avancées s'accompagnent de défis majeurs qu'il convient de relever pour garantir une IA performante et utilisée de manière responsable. L'avenir de l'IA dépendra de la manière dont ces défis seront gérés et de la manière dont les chercheurs, les décideurs politiques et la société civile collaboreront pour garantir que l'IA serve les intérêts de l'humanité.

8.3. L'humanité et les machines: un avenir unifié

Le destin de l'humanité et celui des générations sont intrinsèquement liés, le développement rapide de l'intelligence artificielle (IA) et de la robotique repoussant les limites du possible. À mesure que ces technologies évoluent, nous entrons dans une ère où la distinction entre humains et machines devient de plus en plus floue. La perception d'un destin commun, où humains et machines cohabitent en symbiose, offre à la fois des opportunités passionnantes et des situations extrêmement exigeantes.

La convergence de l'intelligence humaine avec les systèmes synthétiques marque un tournant décisif dans la trajectoire de la civilisation. L'IA, portée par des algorithmes et des systèmes de données étendus, s'intègre de plus en plus à notre quotidien, améliorant l'efficacité des soins de santé, de l'éducation, des transports, et bien plus encore. Parallèlement, les progrès de la robotique et de l'automatisation permettent aux machines d'accomplir des tâches physiques autrefois réservées aux humains. À mesure que ces technologies progressent, l'humanité devra redéfinir sa relation aux machines et prendre en compte la manière dont cette nouvelle génération façonnera notre identité, notre économie et notre culture.

L'une des façons les plus concrètes de fusionner l'homme et la machine est l'amélioration des cyborgs, des êtres intégrant des additifs biologiques et synthétiques. Les progrès des biotechnologies, des interfaces neuronales et de la robotique permettent aux êtres humains d'améliorer leurs capacités physiques et cognitives. Des prothèses réparant les membres égarés aux implants neuronaux améliorant les capacités cérébrales, les possibilités d'amélioration humaine sont considérables.

Les interfaces cerveau-machine (ICM), par exemple, permettent une communication directe entre le cerveau humain et les ordinateurs. Cette technologie a le potentiel de révolutionner les traitements scientifiques contre des maladies telles que la paralysie, les troubles neurologiques et les pertes de mémoire. Les ICM devraient permettre aux individus de manipuler les machines par la pensée, ouvrant ainsi une nouvelle voie d'interaction avec la technologie. L'évolution de ces technologies ouvrira la voie à un avenir où les capacités humaines dépasseront les limites de la nature, créant ainsi une espèce hybride homme-machine.

Cependant, cette intégration de la biologie et de la génération suscite des questions morales et philosophiques. Que signifie être humain lorsque nos corps et nos esprits peuvent être améliorés ou modifiés par des machines ? La distinction entre biologique et synthétique devient de plus en plus difficile à définir, et la société devra aborder les questions d'équité, d'accès et d'identité dans cette nouvelle ère de l'augmentation humaine.

À mesure que les structures d'IA se perfectionnent, elles commencent à imiter, voire à surpasser, les capacités cognitives humaines dans certains domaines. La capacité de l'IA à traiter des quantités considérables d'informations, à reconnaître des tendances et à faire des prédictions est déjà exploitée dans des domaines tels que la santé, la finance et les études cliniques. Les algorithmes d'apprentissage automatique peuvent analyser des photographies médicales avec une plus grande précision que les médecins, anticiper les évolutions du marché boursier et même contribuer à la découverte de nouveaux médicaments et matériaux.

Dans un avenir proche, nous nous attendons à ce que l'IA s'intègre davantage à la cognition humaine. Les implants neuronaux et les améliorations cognitives induites par l'IA pourraient permettre aux individus de renforcer leurs capacités intellectuelles, d'accéder instantanément à des quantités importantes de données et d'améliorer leur mémoire et leur capacité à prendre des décisions. Le concept de « symbiose cognitive » entre humains et IA préfigure un avenir où nos cerveaux et nos machines fonctionneront ensemble de manière fluide, favorisant ainsi un apprentissage, une créativité et une résolution de problèmes plus performants.

Cette fusion de l'intelligence humaine et de l'intelligence artificielle devrait donner naissance à une forme d'intelligence collective transcendant les barrières individuelles. En exploitant l'IA pour améliorer la cognition humaine, la société pourrait résoudre des défis internationaux complexes, allant des changements climatiques aux inégalités sociales. La capacité de collaboration entre les êtres humains et l'IA ouvre de nouvelles perspectives d'innovation, de partage de savoir-faire et de développement intellectuel.

Cependant, l'essor de l'IA soulève également des questions quant au manque d'autonomie et d'esprit d'entreprise des humains. À mesure que les machines deviennent plus intelligentes et performantes, les individus risquent de devenir excessivement dépendants de la technologie, ce qui entraînerait un manque de capacités de réflexion et de prise de décision essentielles. La société doit trouver un équilibre entre l'exploitation de la puissance de l'IA et la préservation de l'essence même de la créativité, de l'instinct et de la pensée indépendante des humains.

Alors que l'IA et la robotique continuent de s'adapter, leur intégration au sein des travailleurs et de la société en général pourrait avoir de profondes répercussions sur les structures et les relations sociales. L'un des défis les plus importants pourrait être l'adaptation de la société à l'évolution de la nature du travail. L'automatisation et les technologies basées sur l'IA ont la capacité de remplacer le travail humain dans de nombreux secteurs, de la production au service client, ce qui soulève des questions sur l'avenir de l'emploi et de la stabilité économique.

L'essor de l'IA peut également favoriser l'émergence de nouveaux secteurs et de nouvelles opportunités de collaboration entre l'homme et la machine. Par exemple, l'IA devrait améliorer les capacités des humains en leur permettant de se consacrer à des tâches répétitives, risquées ou chronophages, leur permettant ainsi de se concentrer sur des projets plus innovants et stratégiques. Cependant, la transition vers une société où les machines joueront un rôle plus important au sein du système financier nécessitera de nouvelles politiques et de nouveaux cadres pour répondre à des problématiques telles que le déplacement des processus, les inégalités de revenus et la redistribution des richesses.

Outre son impact sur l'art, l'IA a la capacité de transformer nos interactions. Les robots sociaux et les assistants virtuels sont déjà monnaie courante dans les foyers et les bureaux, et l'IA s'intègre aux réseaux sociaux, à la création de contenu et aux divertissements. À mesure que les machines seront mieux à même de comprendre les émotions humaines et les signaux sociaux, elles joueront un rôle plus important dans la définition de nos interactions et relations sociales.

Cette relation évolutive entre humains et machines soulève d'importantes questions sur la vie privée, la confiance et l'éthique. Dans quelle mesure notre vie privée doit-elle être partagée avec les systèmes d'IA, et comment pouvons-nous garantir que les machines respectent notre autonomie et notre vie privée ? Quelles exigences morales devraient guider le développement et l'utilisation de l'IA dans les contextes sociaux ? À mesure que les machines s'intègrent davantage à nos vies, la société devra élaborer un nouveau contrat social définissant le rôle de l'IA et garantissant son utilisation au bénéfice de l'humanité tout entière.

Le destin de l'humanité et des machines n'est pas celui de l'opposition, mais celui de la collaboration. Alors que l'IA et la robotique continuent d'évoluer, nous devons envisager le potentiel d'un avenir où les humains et les machines travailleront ensemble pour résoudre les problèmes les plus urgents du secteur. Plutôt que de craindre l'essor des machines, nous devons y voir une opportunité d'étendre nos capacités et de repousser les frontières de la compréhension, de la créativité et du progrès.

Pour parvenir à ce destin unifié, la société doit s'attacher à créer des cadres garantissant le développement et l'utilisation responsables de l'IA et des autres technologies avancées. Cela implique d'investir dans la formation et la recherche, de favoriser la collaboration entre humains et machines, et de relever les défis éthiques et sociaux qui accompagnent ces avancées. Ce faisant, nous créerons un avenir où humains et machines coexisteront harmonieusement, chacun améliorant les forces et les capacités de l'autre.

La convergence de l'humanité et de la technologie est porteuse de grandes promesses pour l'avenir, mais elle exige également une attention particulière et une planification rigoureuse. Alors que nous avançons vers cette nouvelle ère, nous devons rester vigilants pour garantir que l'IA et les machines servent les intérêts de l'humanité et contribuent à un monde plus équitable, durable et juste. L'avenir de l'humanité et des machines est celui d'un progrès partagé, où les deux travaillent ensemble pour bâtir un monde meilleur pour les générations à venir.

8.4. Instaurer la confiance dans les systèmes d'IA

Alors que l'intelligence artificielle s'intègre de plus en plus à des aspects importants de la société, des soins de santé et de la finance aux systèmes judiciaires et aux véhicules autonomes, renforcer la confiance dans les systèmes d'IA devient un élément essentiel. La confiance n'est pas seulement le résultat d'une production efficace; elle est fondamentale pour l'adoption massive, la popularité et le déploiement éthique de l'IA. Sans accord, même les solutions d'IA les plus avancées risquent d'être rejetées, utilisées à mauvais escient ou endommagées accidentellement. Instaurer la confiance est une tâche complexe, impliquant la robustesse technique, la transparence, l'équité, la responsabilité et une conception centrée sur l'humain.

L'un des éléments centraux de la mise en place d'un accord est la transparence. Les systèmes d'IA, notamment ceux basés sur des modèles complexes comme les réseaux neuronaux profonds, fonctionnent souvent comme des « boîtes noires » où leurs processus décisionnels internes sont opaques pour les utilisateurs, voire pour les développeurs. Cette opacité nuit à la confiance, car les parties prenantes ne peuvent pas facilement affirmer comment les entrées se traduisent en sorties ni pourquoi certaines décisions ont été prises. Les efforts en matière d'IA explicable (XAI) visent à remédier à ce problème en développant des techniques fournissant des justifications compréhensibles par l'humain au comportement de l'IA. Par exemple, les modèles peuvent mettre en évidence les raisons qui ont motivé une analyse clinique ou le refus d'une demande de prêt. La transparence permet aux utilisateurs d'être informés et rassurés sur le bon fonctionnement et la fiabilité des systèmes d'IA.

L'équité et la réduction des biais sont également importantes pour susciter la réflexion. Les systèmes d'IA s'appuyant sur des données biaisées ou non représentatives peuvent perpétuer ou amplifier les inégalités sociales actuelles, entraînant des résultats discriminatoires à l'embauche, au contrôle, aux prêts ou à l'accès aux services. Détecter, mesurer et corriger les biais nécessite une vérification et une validation rigoureuses auprès de diverses populations et de différents cas d'utilisation. L'implication d'équipes multidisciplinaires, incluant des éthiciens, des spécialistes des sciences sociales et des groupes concernés, dans le processus de développement de l'IA garantit que les structures sont conçues avec l'équité comme préoccupation. Démontrer un engagement en faveur d'un traitement équitable suscite la réflexion parmi les utilisateurs qui pourraient autrement craindre la marginalisation.

Un autre pilier sur lequel il faut s'accorder est la responsabilité. Les utilisateurs doivent comprendre qui est responsable des mouvements et des effets des systèmes d'IA. Des mécanismes de responsabilité clairs impliquent la définition de cadres de responsabilité juridique pour les développeurs, les déployeurs et les opérateurs d'IA. Cela inclut des protocoles d'audit des systèmes d'IA, des mécanismes de recours pour les personnes lésées et une surveillance réglementaire. La responsabilité s'étend à la garantie que les structures d'IA respectent les exigences légales et éthiques, et que toute utilisation abusive ou négligence entraîne des conséquences. Lorsque les parties prenantes reconnaissent que l'IA fonctionne dans un cadre de responsabilité, la confiance en sa fiabilité et sa sécurité augmente.

La sécurité et la protection de la vie privée sont également au cœur de la confiance en l'IA. Les utilisateurs veulent avoir l'assurance que leurs données sont traitées de manière sécurisée et confidentielle, que les systèmes d'IA sont résistants aux attaques et que leurs données personnelles ne seront pas exploitées. La mise en œuvre d'une gouvernance des données robuste, du chiffrement et de systèmes d'accès aux données préservant la confidentialité, tels que la confidentialité différentielle ou l'accès fédéré, facilite la protection des droits des utilisateurs. Un échange verbal transparent sur les pratiques en matière de données et les fonctionnalités de sécurité renforce également la confiance.

Une conception centrée sur l'humain est fondamentale pour favoriser l'acceptation. Les systèmes d'IA doivent être conçus en tenant compte des désirs, des valeurs et des contextes des utilisateurs, permettant une interaction intuitive et un contrôle total. Les utilisateurs doivent pouvoir comprendre, interroger et contourner les décisions de l'IA si nécessaire. L'intégration de mécanismes de commentaires permettant aux utilisateurs de signaler leurs erreurs ou leurs biais favorise un développement continu et crée une expérience de partenariat entre les humains et les machines. La confiance se cultive lorsque les utilisateurs se sentent respectés, informés et responsabilisés.

De plus, l'éducation et l'engagement du public jouent un rôle important. De nombreux utilisateurs manquent d'une connaissance approfondie du fonctionnement de l'IA, ce qui peut engendrer du scepticisme ou des attentes irréalistes. Les campagnes de sensibilisation du public, les échanges transparents avec les développeurs et les dialogues inclusifs sur les avantages et les risques de l'IA contribuent à démystifier cette technologie. Lorsque les gens comprennent ce que l'IA peut et ne peut pas faire, et comment elle est gérée, ils sont beaucoup plus susceptibles de développer une compréhension éclairée de son fonctionnement.

Les normes et certifications industrielles apparaissent comme des outils pratiques pour établir la crédibilité. Les audits trimestriels, le respect des principes éthiques reconnus et les certifications de sécurité et d'équité de l'IA peuvent servir d'indicateurs de qualité et de fiabilité. À l'instar des labels de sécurité alimentaire ou des classements financiers qui influencent les choix des consommateurs, les certifications d'IA aident les consommateurs et les agences à évaluer la fiabilité des produits d'IA.

Enfin, l'acceptation de l'IA est un processus dynamique qui doit être constamment renforcé et entretenu. À mesure que les structures d'IA évoluent, de nouvelles vulnérabilités, biais ou conséquences accidentelles peuvent apparaître. Par conséquent, un suivi, une mise à jour et une transparence continus concernant les changements sont essentiels. La confiance est renforcée lorsque les agences affichent un engagement à long terme envers des pratiques éthiques et une communication ouverte.

Instaurer la confiance dans les systèmes d'IA est un processus complexe et continu qui requiert innovation technique, rigueur éthique et engagement réel auprès de la société. En privilégiant la transparence, l'équité, la responsabilité, la sécurité et une conception centrée sur l'humain, les parties prenantes peuvent créer des technologies d'IA non seulement performantes, mais aussi encourageant la confiance en soi et favorisant une collaboration étroite entre humains et machines. Cette confiance constitue le fondement sur lequel le potentiel transformateur de l'IA peut être découvert de manière juste et équitable.